사라진 수재를
찾아라!

화학
탐정

글쓴이 김선희
어린이 책을 기획하고 집필하는 일을 하고 있습니다. 그동안 쓴 책으로는 《초등학생이 뽑은 101가지 과학상식》《열아홉 개의 새까만 눈》《할머니의 보릿고개》《나, 전갈자리 B형 소년》 등이 있습니다.

그린이 김방실
어린이 책 일러스트레이터로 그림 창작에 매진하고 있습니다. 2005년 한국출판미술대전 동화부문 특선에 입상했으며, 그린 책으로는 《아버지를 그리워한 도자기》《꽃의 요정 미뉴엘》《찾아라! 수리별 암호》《미류와 요술 램프》 등이 있습니다.

기획·감수 나온교육연구소
나온교육연구소(www.naonedu.org)는 유아, 초등, 중등 및 일반인을 위한 교육을 개선하고자 설립한 연구소입니다. 교육전문가, 교육학 전문가, 출판 전문가 등 60여 명의 연구진과 1,100여 명의 회원으로 구성되어 있습니다. 현재 다양한 수준의 교육과정 연구와 개발, 새로운 평가 틀의 구축에 중점을 두고 활동하고 있습니다.

연구소 연혁
2001년 '수학으로 보는 세상-MIC'의 개발.
2003년 교사 중심의 'MIC 연구회'를 조직, 네덜란드 프로이덴탈연구소와 콘텐츠 제휴를 약속받음.
2004년~2006년 OECD 교실문화연구 프로젝트 수행에 협력.
2004년 각 시도 교육청의 각종 연수에서 '새로운 패러다임의 교육'에 대한 강의를 시작.
2004년 환경부 산하 국립환경과학원의 환경통계 과정 교재 개발과 연수를 진행.
2005년 NCTM Annual Meeting & Exposition에서 '수학으로 보는 세상-MIC'에 대한 그동안의 연구결과를 발표.
2006년 5월 서울시로부터 비영리 사단법인 나온교육연구소로 인가를 받아 새로운 교육환경을 위해 노력하고 있다.

탐구능력과 창의력을 키워주는 과학동화

화학 탐정

사라진 수재를 찾아라!

나온교육연구소 기획·감수
김선희 글 | 김방실 그림

주니어김영사

우리는 과학과 함께 살고 있어요

어렸을 때, '왜?' 병에 걸린 경험이 있는 친구들이 있을 거예요. 엄마 뒤를 졸졸 따라다니며 연신 "왜?"하고 물었던 때 말이에요.
"왜 하늘은 파란 색이야?"
"왜 물이 끓으면 연기가 나와?"
"사람은 왜 살아?"
"강아지는 왜 반가우면 꼬리를 흔들어?"
왜? 왜? 왜? 왜? …….
처음에는 친절하게 설명해 주던 엄마도 이쯤 되면 두손 두발 다 들게 되지요.
우리는 이렇게 호기심을 먹고 자랐어요.
과학을 떠올리면 머리부터 지끈지끈 아파오는 친구가 있다면, 어렸을 때를 떠올려 보세요. 엄마가 아무리 설명을 해 줘도 늘 새롭게 솟아오르던 궁금증들, 그렇게 끊임없이 떠오르던 호기심들이 사실은 과학이거든요.
과학은 아주 어려운 학문도, 생각만 해도 머리가 아파오는 지겨

운 학문도 아니에요. 과학은 우리 집, 내 몸, 내 주변에 공기처럼 퍼져 있어요. 항상 보는 것들, 아무 생각 없이 만지는 것들, 살펴보면 그런 것들에 놀랄 만한 과학의 원리가 숨어 있고요.

우리가 태어나서 자라고 죽을 때까지 우리는 과학과 일생을 같이 하고 있는 거예요.

이 책에는 우선 화학 분야를 다뤘어요. 하지만 과학이라는 말만 들어도 머리가 아파오는 친구들을 위해 재미있는 이야기로 꾸몄어요.

어느 날, 이 세상에 둘도 없는 잘난척쟁이 나수재가 유괴를 당해요. 물론 범인은 아무도 모르고요.

하늘이네 가족은 이 사건을 맡아 유쾌상쾌통쾌하게 해결합니다.

여러분도 주인공이 되어 함께 사건을 해결해 보세요. 이 책을 다 읽고 난 다음에는 자기도 모르게 과학 지식이 부쩍 늘어나 있는 자신을 발견하게 될 거예요.

2007. 김선희

동화의 세계를 통해 과학의 세계로!

살아가면서 무엇인가를 새로이 아는 것은 즐거운 경험이에요. 그래서 배움은 즐거워야 하지요. 하지만 그렇게 생각하는 사람은 별로 많지 않은 것 같아요. 알아가는 과정이 중요한데도 불구하고 이를 모두 빼어 버린 채 결과만을 성급하게 넣으려는 우리의 교육 때문이지요. 그렇게 알게 된 지식은 우리의 생활과 단절된 채 죽어 있기 마련입니다.

과학에서의 배움도 지식을 차곡차곡 쌓는 것만이 아니에요. 매일 접하는 생활 속에서 실험과 관찰이라는 생생한 체험을 통해 과학의 지식을 만들어갈 수 있어야 합니다. 그렇다고 과학 공부를 위해 모든 것을 체험할 수 없으니 답답한 노릇이지요.

동화는 그래서 필요합니다. 동화라는 상상의 시간과 공간 속에서 자연과 우주의 질서를 찾아 볼 수 있거든요. 그 안에서 과학적 탐구 과정을 간접 체험할 수 있습니다. 이 책을 천천히 읽어가다 보면 어느새 여러분 자신이 동화의 세계를 통해 과학의 세계로 빠져 들게 될 거예요. 이 책에는 우리의 생활 모두에 과학이 들어있음을 깨우쳐 주거든요. 자, 이제 《화학탐정, 사라진 수재를 찾아라!》를 읽으며 과학의 세계로 떠나 보세요.

　행운이 깃들기를!

- 나온교육연구소

차 례

우리는 과학과 함께 살고 있어요 ······ 4
동화의 세계를 통해 과학의 세계로! ······ 6

수재는 재수가 없다? ······ 11
피에로 아저씨가 수상하다 ······ 22
비밀 실험실 ······ 33

끔찍한 유괴 사건 …… 46

유괴 둘째 날 – 금요일 …… 61

유괴 셋째 날 – 토요일 …… 97

지상 최대의 복수 대작전 …… 135

화학 탐정,
이야기 속에 숨어 있는 화학을 찾아라! …… 145

수재는 재수가 없다?

진짜 잘난 사람은 잘난 척하지 않는다. 바로 나처럼. 나는 다른 사람 앞에서 한 번도 내 자랑을 해 본 적이 없다. 우리 아빠 말씀에 따르면, 못난 사람이나 "나 잘났소." 하고 떠벌리고 다닌다나? 너무 내세울 게 없기 때문에 말로만 잘난 체를 하는 거란다.

나로 말할 것 같으면, 아빠의 명철한 두뇌와 태권도, 합기도, 유도 등 무술 27단인 엄마의 좋은 점만을 물려받은 신동 중에서도 신동이다. 초등학교 교과 과정은 나에게 유치원 수준의 공부라고나 할까? 어렸을 때부터 갈고 닦아 온 무술 실력이 태권도 4단, 쿵후 1단, 검도 3단, 모두 합쳐서 8단이다.

이런 나도 잘난 척을 하지 않는데, 우리 반에 "나 정말 잘났소." 하고 대놓고 자랑하는 떠벌이가 있다. 우리 반 23번 나수재. 이름값을 하느라 그런지 나수재는 정말 똑똑한 체를 너무 많이 한다. 이름처럼 자기 스스로가 수재라고 철석같이 믿고 있는 아이다. 하지만 내가 보기에 나수재는 '재수 없는 녀석'일 뿐이다.

오늘 학교에서 있었던 일만 해도 그렇다. 나는 스포츠 중에서 축구를 가장 좋아한다. 그래서 내 꿈도 앞으로 박지성 형 같은 훌륭한 축구 선수가 되는 것이다. 하루라도 공을 차지 않으면 발끝에 가시가 돋는 것 같다.

그런데 오늘 낮에 안타깝게도 비가 왔다. 비가 오는 날은 공 차는 날이 아니라 공치는 날이다. 현관 앞에서 축구공을 발 위에 올려놓고 운동장으로 나갈까 말까 고민하고 있는데, 누군가 내 뒤에서 재수 없는 소리를 했다.

"야, 산성비 맞으면 머리카락 다 빠진다."

돌아보니 천하에 잘난 나수재가 엄청나게 거만한 얼굴로 서 있었다. 안 그래도 축구를 못 해서 기분이 상해 있는데, 거기다 흙탕물까지 튀기는 꼴이라니.

나는 퉁명스럽게 물었다.

"이게 산성비라는 증거 있냐?"

"있지."

"어디 증거를 대 보시지."

수재는 내 말을 기다렸다는 듯이 말했다.

"이리 와 봐."

수재는 나를 학교 뒤쪽에 있는 텃밭으로 데리고 갔다. 가면서도 수재는 자기 혼자만 우산을 썼다. 같이 좀 쓰고 가면 어때서. 하여간 하는 짓마다 재수 없다.

우리가 찾아간 곳은 학교 학생들이 정성껏 가꾸는 텃밭이다. 텃밭에는 온갖 종류의 채소들이 잘 자라고 있다. 수재는 그중에서 우리 반 밭으로 가더니 보라색 양배추 한 개를 쏙 뽑았다.

'앗, 함부로 뽑으면 안 되는데.'

하지만 녀석은 아무렇지도 않게 웅덩이에 고여 있던 빗물을 작은 통에 담았다.

녀석은 양배추와 빗물이 담긴 통을 나한테 내밀더니 자기는 우산을 쓰고 휙 돌아섰다.

"이제 과학실로 가자."

'이 녀석, 뭔가 조금 아는 것 같은데.'

나는 속으로 짐작 가는 것이 있었다. 하지만 끝까지 시치미를 뚝 떼고 녀석을 따라갔다.

과학실로 간 녀석은 양배추 잎을 잘라 비커에 넣었다. 그러더니 양배추가 잠길 정도로 물을 붓고 끓였다. 그러고는 마치

요리 프로그램에 나오는 요리사처럼 물컵을 들고 말했다.

"만약 뜨거운 물이 있으면 뜨거운 물에 담가 놓아도 돼."

물이 끓기 시작한 뒤 5분쯤 지나자, 녀석은 끓인 양배추를 식힌 뒤 체에 걸렀다. 초보 수준이지만 과학에 대해 뭔가를 아는 녀석이라는 믿음이 더욱 굳어졌다. 녀석은 지금 양배추 지시약을 만드는 중이다. 양배추 지시약이란 양배추 즙으로 만든 마술 용액 같은 것이다. 이 양배추 즙을 떨어뜨려서 색이 변하는 것을 보고 산성과 염기성을 구별한다.

그렇다면 산성과 염기성은 뭐냐? 사람도 성격이 있다. 어떤 아이는 내성적이고 얌전하지만, 어떤 아이는 외향적이고 활발하다. 액체도 성질을 가지고 있다. 우유 같은 단백질을 엉기게 하면서 신맛이 나는 물질을 '산성'이라고 한다. 또 미끌미끌한 성질을 갖고 있는 액체를 '염기성'이라고 한다.

산성인지 염기성인지 알아내는 가장 간단한 방법은 먹어 보거나 만져 보는 것이다. 신맛이 나면 산성이고, 만져 봐서 미끌미끌하면 염기성이다. 하지만 여기서 조심할 것 한 가지! 무턱대고 아무것이나 먹어 보고 만져 보면 안 된다. 먹거나 만져서 몸에 해로운 것이라면 큰일이니까.

그래서 '짜잔' 하고 등장한 것이 지시약이다. 지시약으로 액체의 성질이 산성인지 염기성인지 알아볼 수 있다는 말씀.

나는 '어디 두고 보자.' 하는 마음으로 수재의 실험을 지켜봤다.

"자, 이 양배추 즙을 유식한 말로 지시약이라고 해. 이 양배추 즙을 뿌렸을 때 붉은색을 띠면 산성이고, 녹색을 띠면 염기성이지."

나는 마음 속으로 생각했다.

'흠, 제법인걸.'

산성비가 내리면 흙은 산성으로 변한다. 산성비가 내리는 가장 큰 이유는 공해 때문이다. 공기 중에 있는 매연이 수증

기와 만나면 산성비가 되어 땅으로 내린다. 땅이 산성으로 변하면 식물들이 병들거나 말라 죽게 된다.

나수재는 50mg 정도의 양배추 지시약에 빗물을 한 방울씩 떨어뜨렸다. 그러자 빗물이 옅은 붉은색을 띠기 시작했다.

"어때, 이제 믿겠냐?"

어휴, 저 거만한 얼굴이라니. 생각 같아서는 "그래. 너 잘났다." 하면서 잔뜩 빈정거려 주고 싶었지만 꾹 참았다. 정말 잘난 사람은 참을성도 아주 많은 법이니까.

아마 녀석은 하나는 알고 둘은 모를 것이다. 양배추 지시약 뿐 아니라 리트머스 시험지나 카레 지시약으로도 산성과 염기성을 구별할 수 있다는 것을.

양배추뿐만 아니라 장미나 포도 껍질, 검은콩이나 카레 가루로도 지시약을 만들 수 있다. 그러니까 색소가 들어 있는 식물로 지시약을 만들 수 있다는 얘기다.

'식물의 꽃이나 열매의 껍질에는 안토시아닌이란 색소가 많이 들어 있지. 이 색소는 주로 빨간색, 파란색, 보라색 등의 색을 띠고 있다는 말씀. 물론 양배추에도 안토시아닌이 들어 있다. 이 안토시아닌이란 색소가 바로 산성, 중성, 염기성 같은 액체의 성질에 따라서 다르게 반응을 한다. 그래서 산성이면 붉은색, 중성이면 보라색, 염기성이면 녹색으로 변하는 거지. 알겠니, 아이야?'

카레 지시약 만들기

카레 두 숟가락에 알코올 30㎖를 넣어 녹인 후 잘 저어 준다. ▶ 녹지 않은 것들을 가라앉힌 후, 위쪽 용액을 따라 낸다. ▶ 지시약 완성

지시약을 왜 만드냐고? 그야 물론 지시약으로 물질의 성질을 알 수 있기 때문이지.

하지만 나는 아무것도 모르겠다는 순진한 얼굴로 물었다.

"그럼 하나만 묻자. 만약 이 빗물이 염기성이면 무슨 색으로 변하는데?"

"그야 물론 푸른색이나 녹색으로 변하지. 넌 어떻게 그것도 모르니?"

	산성	중성	염기성
양배추 즙	붉은색	보라색	푸른색
리트머스 종이	붉은색	-	푸른색

17

녀석은 아주 거만한 표정으로 한 마디 덧붙였다.

"자, 이제 알았지? 그럼 넌 과학실 청소 좀 하고 가라. 난 바빠서 이만."

이렇게 나와 수재, 그 녀석과의 만남이 시작되었다. 당돌하고 잘난 척하고 약간 밥맛없는 스타일이지만, 왠지 녀석에게 관심이 가기 시작했다. 나는 똑똑한 사람을 좋아하니까.

"잠깐!"

나는 돌아서는 수재를 불렀다. 수재가 거만한 얼굴로 뒤돌아보았다.

"혹시 공해가 없는 곳에서도 산성비가 내린다는 사실을 알고 있어?"

수재가 당황했다. 설마 이렇게 치밀하게 나올 것이라 예상하지 못했겠지?

수재는 내 앞으로 걸어오더니 조금은 떨리는 목소리로 말했다.

"그럴 리가……."

"공기 중에는 이산화탄소라는 기체가 떠돌아다니지. 이산화탄소가 빗물에 녹게 되면 약간의 산성을 띠게 돼."

"그러면 빨간색을 띤다고 무조건 산성비라고 단정지을 수 없겠네?"

"맞아. 하지만 pH로 나타내면 되지."

"pH?"

수재가 뜻밖의 강적을 만났다는 듯 떨떠름한 얼굴로 나를 보았다. 나는 자신 있게 말했다.

"pH란 산과 염기가 얼마나 많고 적은지를 나타내는 수치야. pH가 7보다 작으면 산성이고, 7이면 중성, 그리고 7보다 높으면 염기성이야. 우리가 보통 산성비라고 부르는 비는 pH가 5.6보다 낮은 경우야. 우리나라에서는 봄철 가뭄기에 pH 4.8 정도의 산성비가 오기도 하고, pH 4.5 정도의 비가 온 적도 있어."

수재가 자신 없는 말투로 물었다.

"그럼 pH는 뭘로 측정하는데?"

"흐흐, pH를 측정하는 기계가 따로 있지. 그리고 pH 시험지도 있어. 색깔 변화를 비교하는 표를 보면 당장 알 수 있어. 정확하진 않지만 리트머스 시험지로도 산인지 염기인지 정도는 알아낼 수 있어. 어때, 우리 집에 리트머스 시험지가 있는데 몇 개 줄까?"

갑자기 나수재가 책가방을 바닥에 탁 집어 던지며 말했다.

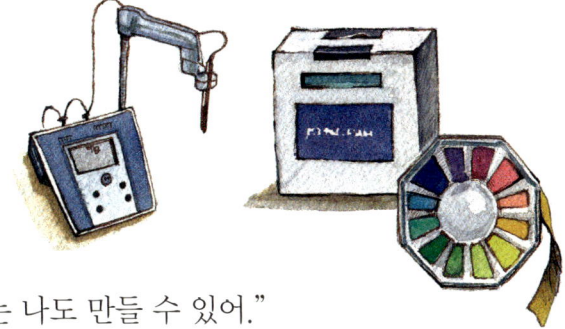

"리트머스 시험지는 나도 만들 수 있어."

'어, 이것 봐라. 그건 좀 어려운 과정인데.'

수재는 씩씩대며 말했다.

"리트머스 시험지는 리트머스이끼에서 얻은 색소를 이용해서 만든 거야. 그러니까 이 양배추 즙을 거름종이에 적셔서 말리면 양배추 시험지가 되지. 이걸 가지고 다니면서 산성과 염기성 성질을 알 수 있어."

솔직히 나는 수재에게 조금 반했다. 지금까지 나는 이렇게 똑똑한 아이를 만난 적이 없었다. 내 라이벌이 되려면 아직 멀었지만, 그래도 조금 관심이 가기 시작했다.

수재는 가방을 주워 어깨에 메더니 잔뜩 건방진 얼굴로 말했다.

"자, 과학실 청소나 하시지."

내가 과학실을 깨끗이 청소할 동안, 수재는 거들어 주지도 않았다. 청소를 하면서 힐끔 수재를 보니 수재는 실험 도구가 있는 곳에서 뭔가를 열심히 보고 있었다.

내가 도구들을 씻는 동안, 수재는 실험 도구 중에서 뭔가를 집어 들었다. 내가 재빨리 말했다.
"뭐 하냐?"
수재가 당황한 듯 손에 든 것을 뒤로 감추며 말했다.
"아무것도 아니다. 청소 다 했으면 나가자."
자식, 성격만 좋으면 금상첨화일 텐데. 아쉽다.

피에로 아저씨가 수상하다

우리 동네는 평화롭고 범죄 없는 조용한 주택가다. 동네 사람들은 교양이 철철 넘쳐흐르고 골목마다 웃음꽃이 핀다, 라고 말하면 얼마나 좋을까?

사실은 그 반대다. 하루라도 사건 사고가 터지지 않는 날이 없다. 어제는 주차 문제로 우리 앞집과 옆집 아저씨들이 대판 싸웠다.

"차 빼!"

"못 빼!"

"여기가 당신 집 앞이야?"

"그럼 당신이 이 땅 전세 냈어?"

속옷만 입고 나와서 큰 소리를 치는 두 아저씨를 보니 내가 이 동네 주민이라는 사실이 어찌나 부끄럽고 창피하던지. 쥐구멍이라도 있었으면 당장 숨고 싶었다.

우리 동네에는 하루에도 한 번씩 꼭 사건이 일어난다. 그렇지만 꼭 나쁜 사건만 일어나는 것은 아니다. 때로는 마음이 따뜻해지는 흐뭇한 일도 있다.

학교에서 돌아오는 길에 공터에서 있었던 일이다.

"어서들 오너라. 우린 어린이들을 무척이나 사랑하는 피에로 아저씨들이란다. 자, 이 풍선을 받으렴."

피에로 옷을 입은 아저씨 두 명이 아이들에게 풍선을 나눠 주고 있었다. 분명히 뭔가가 있을 거야. 삼거리에 새로운 돼지 갈비 집이 문을 열었다거나. 뭐, 우리 동네에 하나뿐인 '잘 보여 안경점' 옆에 '더 잘 보여 안경점'이 생겼다거나?

이 세상에 공짜는 없는 법이다. 풍선을 나눠 준다면 뭔가 틀림없이 홍보를 할 것이다. 나는 예리한 눈으로 피에로 아저씨들을 관찰하기 시작했다.

피에로 아저씨들은 정말 피에로 같았다. 한 명은 키가 크고, 한 명은 키가 작았다. 키가 작은 피에로 아저씨는 말랐고, 키가 큰 피에로 아저씨는 뚱뚱했다.

키 작고 마른 피에로 아저씨가 풍선 한 개를 불쑥 나에게 내밀었다.

"이 풍선은 헬륨을 넣은 아주 아주 고급 풍선이란다. 공짜니까 마음 놓고 가져도 돼."

"정말이죠?"

"그럼."

나는 단호하게 말했다.

"저는 돼지 갈비도 싫어하고, 안경을 새로 바꿀 생각도 없습니다."

"뭐?"

두 피에로 아저씨는 무슨 말인지 영문을 모르겠다는 얼굴로 나를 보았다. 그러다가 내가 한 말을 알아챘는지 큰 소리로 웃었다.

키가 크고 뚱뚱한 피에로 아저씨가 말했다.

"꼬마야, 안심해. 우린 가게를 홍보하는 사람들이 아니라……."

그다음은 키가 작고 마른 피에로 아저씨가 받아쳤다.

"정말로, 진실로, 솔직히 아이들을 사랑해서 공짜로 나눠 주는 거란다."

그제서야 나는 이 마음씨 착한 아저씨들을 의심한 것을 진심으로 미안해 했다.

그때 한 무리의 아이들이 몰려와서 서로 풍선을 달라고 소리쳤다. 키가 작고 마른 피에로 아저씨가 풍선에 열심히 기체를 넣었다. 나는 아저씨가 넣은 기체를 유심히 관찰했다.

'풍선이 대부분 반짝이는 고급 알루미늄이고, 공중에 뜨는 것으로 봐서 헬륨 가스가 분명해. 풍선이나 애드벌룬에 수소 가스를 넣기도 하지만 수소는 폭발의 위험이 있어서 요즘은 잘 사용하지 않으니까.'

바로 그때 귀에 익은 목소리가 바로 내 뒤에서 들렸다.

"아저씨, 지금 풍선에 수소를 넣는 게 맞죠?"

돌아보니 잘난 척 대마왕 나수재였다.

아이들에게 풍선을 나눠 주던 키가 크고 뚱뚱한 아저씨가 대답했다.

"아냐. 이건 헬륨 가스란다."

"믿을 수 없어요."

"진짜래두. 확인해 볼래?"

키가 작고 마른 아저씨가 풍선 입구를 입에 대고 가스를 들이마셨다. 그리고 곧바로 말을 했다.

"자, 여러분 내가 아기일까요, 어른일까요?"

아이들이 정신없이 웃어 대기 시작했다. 키가 작고 마른 아저씨 목소리가 아기 목소리처럼 들렸기 때문이다.

그제서야 잘난 척 대마왕 나수재가 한풀 기죽은 얼굴로 말했다.

"목소리가 변하는 것으로 보니 헬륨 가스가 맞긴 맞군요.

헬륨은 공기보다 **밀도**가 더 낮죠. 밀도가 낮으면 소리의 속도는 빨라집니다. 실제로 헬륨 가스 속에서 소리가 전달되는 속도는 공기 중에서보다 약 2.7배 정도 빨라요. 그래서 카세트테이프를 빠르게 돌릴 때처럼 목소리가 변하는 것이죠."

수재의 잘난 척에 아이들이 고개를 갸웃거렸다. 수재는 어깨를 으쓱거리며 별일 아니라는 듯 거만한 표정을 지었다.

아이들 중 한 명이 물었다.

"야, 무슨 말인지 하나도 못 알아듣겠다. 밀도가 뭐냐?"

수재가 거만한 얼굴로 대답했다.

"무식한 것들. 밀도가 밀도지, 뭐냐?"

"아, 글쎄 밀도가 뭐냐니까?"

"밀도는 그러니까……, 그게, 저……."

수재는 어떻게 설명해야 좋을지 몰라서 허둥댔다. 이제 내가 나서야 할 때가 된 것이다. 나는 아이들에게 물었다.

"너희들 **부피**라는 말은 들어 봤어?"

아까 밀도가 뭔지 모르겠다는 아이가 대답했다.

"그럼, 들어 봤지."

"부피는 물체가 공간 속에서 차지하는 크기야. 알지?"

아이들이 고개를 끄덕였다.

"밀도는 부피가 같은 기체가 있을 때, 어느 쪽 기체가 무거운지 또 어느 쪽 기체가 가벼운지를 알아보는 기준이야. 이제 알겠어?"

"알 것도 같고, 모를 것도 같고."

아이들은 고개를 끄덕이기도 하고, 갸우뚱거리기도 했다. 그때 수재가 큰 소리로 말했다.

"맞아. 헬륨은 공기보다 밀도가 낮아. 그러니까 헬륨이 공기보다 더 가벼운 거지."

그쯤이야 우리 신동들 수준에서 보면 별것 아니다. 정확히 헬륨은 공기보다 밀도가 14분의 1 정도 낮다. 이 말을 다시 쉽게 설명해 보면, 똑같은 크기의 상자에 헬륨과 공기를 가득 넣고 질량을 잰다면 공기가 14배 더 무겁다는 얘기다. 밀도가 낮으면 소리의 속도가 빨라진다.

키가 크고 뚱뚱한 아저씨가 수재에게 물었다.

"꼬마야, 너 참 똑똑하구나."

"전 꼬마가 아니라 나수재입니다."

"오호, 그래? 나수재? 거 이름 한번 수재스럽네. 아저씨가 퀴즈 하나 낼 테니까 맞혀 볼래?"

"뭐든지요."

"여기 이산화탄소, 수소, 헬륨 가스가 있단다. 이 중에서 제일 가벼운 기체는 뭘까~요?"

수재는 머리를 갸우뚱거렸다. 그 문제라면 내가 전문이지. 답은 물론 수소다. 헬륨 가스는 수소 다음으로 가볍다.

수재가 자신 없는 목소리로 말했다.

"헬륨 가스."

키가 크고 뚱뚱한 아저씨가 풍선으로 수재 머리를 가볍게 톡 치며 말했다.

"땡! 틀렸습니다. 답은 수소입니다."

수재의 얼굴이 새빨개졌다.

그러자 이번에는 키가 작고 마른 아저씨가 아이들에게 물어 보았다.

"그럼 이번에는 내가 문제를 내 볼게. 이번에는 주관식이다. 헬륨 풍선과 수소 풍선은 분명히 하늘로 붕붕 떠오르잖니. 그런데 입으로 분 풍선은 왜 뜨지 않을까?"

지금까지 아저씨 말만 똑바로 들었어도 알 수 있는 문제였다. 입으로 공기를 불어넣으면 풍선에는 입김 속에 있는 이산화탄소가 들어간다. 이산화탄소는 헬륨이나 수소보다 밀도가 커서, 자연히 밑으로 가라앉는 것이다. 그렇지만 아이들은 대답하지 못하고 고개를 갸웃거렸다.

나는 이번에도 입을 꾹 다물었다.

그런데 놀라운 것은 수재도 아무 대답을 못 했다는 것이다. 천하에 똑똑한 나수재가 이렇게 쉬운 문제를 못 맞히다니, 정말 세상은 불가사의한 일투성이다.

수재는 자존심에 상처를 입었는지 화를 내며 말했다.

"쳇, 그럼 아저씨는 우리 아빠가 누군지 아세요?"

"몰라."

"우리 아빠는 대기업 사장님이시라구요. 직원이 356명이나 된다구요. 쳇, 뭘 알지도 못하면서."

역시 잘난 척 대마왕 나수재답다. 누가 물어봤냐고요. 수재는 화가 나서 가 버렸다.

갑자기 키가 작고 마른 아저씨가 말했다.

"자자, 꼬마들아. 오늘 풍선이 다 떨어졌단다. 다음에 다시 올 때까지 모두 모두 안녕이다."

키가 크고 뚱뚱한 아저씨가 말했다.

"그래. 모두 안녕이다, 얘들아."

이렇게 해서 오늘의 훈훈하고 정이 넘치는 '풍선 나눠 주기' 행사는 끝났다. 나는 헬륨을 넣은 풍선을 두 개나 얻었다.

그런데 집으로 오는 길에 그만 못 볼 것을 보고 말았다.

조용한 주택가 골목에 사람들이 모여서 웅성대고 있었다.

"당장 경찰을 불러요."

"몇 번에 연락해야 되더라? 113? 119? 114?"

"아이구, 이 사람아. 도둑놈 신고는 112야. 하나, 하나, 둘."

오늘도 이 동네에 또 사건이 생겼구나. 호기심이 왕성한 나는 사람들을 뚫고 안으로 들어갔다.

야구 모자를 눌러쓴 한 도둑이 바닥에 납작 엎드려 있었다.

도둑 옆에는 제법 큰 가방이 있었는데, 그 가방 안에서 금반지와 시계 같은 것들이 튀어나와 길 위에 나뒹굴고 있었다.

도둑을 한쪽 발로 밟고 있는 사람이 있었다. 어디서 많이 본 듯한 낯익은 얼굴. 아, 바로 우리 엄마였다. 엄마는 도둑의 팔을 잡아 비틀고 서서, 의기양양한 얼굴로 말했다.

"아직 경찰 안 왔나요?"

오늘도 또 한 건 했구나, 우리 엄마.

나는 남들이 나를 알아볼까 봐 슬슬 뒷걸음질을 쳤다. 구경꾼들은 점점 더 많이 모여들었다. 구경꾼 한 명이 옆 사람한테 이렇게 말했다.

"저 아줌마가 도둑을 잡았대요?"

"아, 글쎄 맨손으로 도둑을 때려잡았다지 뭐예요."

이럴 때 보통 아이들 같으면 어깨가 으쓱했을 것이다. 하지만 나는 다르다. 솔직히 말하면 창피하다. 또 만약 우리 정체가 사람들에게 탄로 나기라도 하면?

그렇다. 우리 세 식구는 절대로 정체를 드러내면 안 되는 특수한 일을 하는 사람들이다.

구경꾼들 사이에서 이상한 사람 두 명이 눈에 띄었다. 한 명은 키가 작고 말랐으며, 한 명은 키가 크고 뚱뚱했다. 두 사람은 구경꾼들 뒤에서 뭔가 수상한 눈빛으로 엄마와 엄마가 잡은 도둑을 보고 있었다. 내 예리한 눈과 비상한 머리는 그들의 정체를 생각하기 시작했다.

 고맙게도 금세 내 눈과 내 머리는 그들의 정체를 기억해 냈다. 얼굴에 화장을 지웠고, 피에로 옷을 벗었지만 분명히 몇 분 전에 풍선을 나눠 주던 바로 그 아저씨들이었다.

 사람들이 피에로 아저씨들과 나 사이로 계속 밀려들었다. 가까스로 사람들을 헤집고 그 아저씨들이 있던 곳으로 갔다. 그런데 아저씨들이 없었다. 불과 몇 초 전까지 분명히 있었는데, 귀신같이 사라진 것이다.

비밀 실험실

저녁밥을 먹고 숙제를 하고 있는데 속이 출출했다. 냉장고를 열어 보았지만 텅 비어 있었다. 드라마를 보고 있던 엄마에게 물었다.

"엄마, 뭐 먹을 거 없어요?"

"아참, 낮에 시장에 가는 걸 깜박했네."

나는 "엄마가 오늘 낮에 했던 일을 알고 있어요!"라고 소리치고 싶었지만 꾹 참았다.

하는 수 없지. 내가 직접 간식을 만들어 먹는 수밖에.

나는 부엌으로 가서 냉장고를 열어 보았다. 아무리 봐도 내가 만들어 먹을 만한 재료가 없었다. 부엌에 있는 거라고는 설탕과 소금, 소다뿐이었다.

'설탕과 소다가 있구나. 좋아, 그럼 내가 좋아하는 **뽑기**를 해 먹어야겠다.'

일단 국자를 만든다. 부엌에서 사용하는 국자에 해도 되지만, 지난번에 설탕이 타서 눌러붙었다고 국자 사용 금지령을 당했기 때문이다. 국자가 타면 안 되니까 국자를 은박지로 두세 겹 감싼다. 국자를 불 위에 올려놓고 설탕 다섯 숟가락을 넣은 뒤 나무젓가락으로 저어서 녹인다.

설탕이 다 녹으면 나무젓가락으로 소다를 두 번 찍어서 넣고 계속 젓는다. 이때 설탕이 부풀어 오르는데, 그 비밀은 소다에 있다. 소다는 원래 이름이 '탄산수소나트륨'이다. 소다는 열을 받으면 탄산나트륨 가루와 물, 이산화탄소로 나뉜다.

34

이 이산화탄소 기체가 부풀어 올라서 구멍이 생긴다. 그래서 녹은 설탕보다 몇 배나 부피가 커지는 것이다.

참, 소다를 너무 많이 넣으면 쓰니까 적당히 넣어야 한다.

뽑기를 나무젓가락으로 떠서 막 입으로 넣으려는데, 아빠가 화장실에서 엄마를 불렀다.

"여보, 치약이 떨어졌어."

엄마는 정신없이 드라마를 보면서 건성으로 대답했다.

"떨어졌으면 주워야지."

"아이구, 치약을 다 썼다고. 만들어 놓은 거 없어?"

"아이, 내 정신 좀 봐. 다른 일에 정신을 쏟느라 그만 깜빡했네."

"또 무슨 일?"

엄마는 낮에 있었던 일을 솔직히 말해야 할까 말까 고민하는 눈치였다. 아빠는 엄마가 맨손으로 강도나 도둑을 잡는 것을 싫어하기 때문이다.

이때 내가 엄마를 구해 주었다. 나는 화장실에 대고 큰 소리로 물었다.

"아빠, 제가 치약 만들어 드릴까요?"

"그럼 고맙지."

엄마가 안도의 한숨을 내쉬었다. 나는 엄마에게 살짝 윙크를 한 뒤, 비밀 실험실로 들어갔다. 우리 집에는 다른 집에 없는 것이 하나 있다. 바로 실험실. 실험실은 서재에서 비밀 문을 통해 들어갈 수 있는 곳에 있다. 물론 이 집에 이런 실험실이 있다는 사실은 우리 가족 외에 아무도 모른다.

이쯤에서 우리의 정체를 밝혀야 할 것 같다. 우리는 비밀 탐정 가족이다. 우리는 아주 은밀하고 비밀스럽게 처리해야 할 일을 맡아서 해결해 준다. 영화에서 보는 것처럼 탐정이란 비밀스럽게 일처리를 해야 한다. 그래서 엄마가 강도나 도둑을 잡는 것을 아빠가 싫어하는 것이다. 우리 정체가 탄로 날 수도 있으니까.

아빠는 비록 비디오 가게를 하고 있지만, 화학 박사다. 아빠가 진짜 박사 학위를 갖고 있는지는 확인해 보지 않아서 모르겠다. 하지만 아빠는 비디오 가게가 쉬는 날이면 하루 종일 실험실 안에서 실험을 한다.

아빠 엄마의 장점만 쏙 빼닮은 나는 뛰어난 두뇌와 탁월한 무술 실력을 모두 갖추고 있어서, 한 마디로 '만능 탐정'이라고 할 수 있다.

우리는 겉으로 보면 다른 가족들처럼 평범하다. 아빠는 낮에 비디오 가게에서 일을 하고, 엄마는 집에서 살림을 한다. 나는 다른 아이들처럼 학교에 다닌다.

하지만 속을 들여다보면 우리는 결코 평범하지 않다. 재벌집에서 도난당한 10억 원짜리 다이아몬드도 우리가 찾아 주었다. 우리나라에 하나뿐인 유명 화가의 작품이 거짓이라는 것도 우리가 밝혀냈고, 첨단 반도체 기술을 몰래 해외로 빼돌리려던 스파이도 막았다. 유괴 사건을 해결한 것은 다섯 번이나 된다.

우리는 대부분의 물건들을 실험실에서 만들어서 사용한다. 빨랫비누는 물론이고, 엄마 화장품, 치약, 소독약 등은 사 본 적이 없다.

조금 창피한 이야기지만 나는 이가 많이 썩었다. 어렸을 때부터 단 것을 너무나 좋아해서 사탕을 입에 달고 다녔더니 이가 많이 썩은 것이다.

사람은 아래쪽 앞니가 4개, 송곳니 2개, 작은 어금니 4개, 큰 어금니 4개씩, 윗니까지 합치면 모두 28개의 이가 난다.

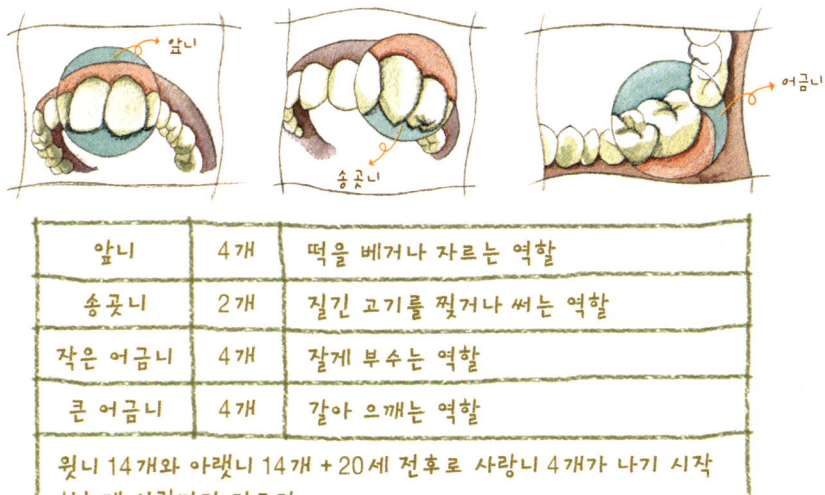

앞니	4개	떡을 베거나 자르는 역할
송곳니	2개	질긴 고기를 찢거나 써는 역할
작은 어금니	4개	잘게 부수는 역할
큰 어금니	4개	갈아 으깨는 역할

윗니 14개와 아랫니 14개 + 20세 전후로 사랑니 4개가 나기 시작하는데 사람마다 다르다.

그런데 아빠 이는 모두 29개다. 사랑니가 난 것이다. 아빠는 사랑니 때문에 고생 중이다.

내 충치는 모두 7개다. 치과에 가서 치료를 할 때 앞으로는 이를 잘 닦겠다고 얼마나 맹세했는지 모른다. 다시는 가고 싶지 않은 치과. 그때부터 나는 꼭 하루에 세 번씩 이를 닦았다. 치약이 없으면 치약을 만들어서 닦기도 했다.

자, 그럼 이제부터 치약을 만들어 볼까?

우선 붕사 5g, 탄산칼슘 45g, 탄산마그네슘 5g, 글리세린 10㎖, 박하유 약간을 준비한다.

자, 그럼 여기서 붕사, 탄산칼슘, 탄산마그네슘 같은 물질들이 도대체 무엇인지 한번 알아볼까?

모두들 알다시피 우리 입 안에는 온갖 세균들이 왕성한 활동을 하고 있다. 이 세균들은 산성을 띠고 있어서 이를 상하게 한다. 산성을 없애 주려면 염기성 물질이 필요하다. 이쯤에서 눈치가 빠른 사람이라면 치약에 들어가는 물질들이 염기성이라는 사실을 눈치 채고도 남았겠지?

붕사, 탄산칼슘, 탄산마그네슘 등은 모두 염기성 물질이다. 붕사는 산성을 없애 주고, 살균과 소독을 한다. 탄산칼슘과 탄산마그네슘은 물에 녹지 않아 작은 알갱이로 치약에 들어 있다. 그래서 양치질할 때 치아 표면에 붙어 있는 음식물 찌꺼기를 벗겨 낸다.

그렇다면 글리세린과 박하유는 왜 치약에 넣을까? 답은 간단하다. 글리세린은 치약이 말라붙지 말라고 넣어 주고, 박하유는 입 안에서 상쾌한 박하 향기가 나라고 넣어 주는 일종의 보너스!

치약 만들기

먼저 알갱이가 굵은 붕사를 막자사발에 한 숟가락 넣고 곱게 간다. 곱게 간 붕사에 탄산칼슘 45g과 탄산마그네슘 5g을 넣고 곱게 갈아 준다. 모든 재료를 다 갈았으면 체로 쳐서 고운 가루를 받아 비커에 넣는다. 글리세린과 물을 1:2로 타서 가루에 조금씩 부으며 저어 주면 끈끈한 치약이 된다. 마지막으로 박하유를 쌀알만큼 넣고 저어 준다.

다 만든 치약을 아빠한테 가져다 주었다.

그런데 이번에 또 문제가 생겼다.

"이머, 하늘아. 미안하지만 거품 목욕할 때 쓰는 목욕제도 만들어 줄래?"

엄마가 목욕탕에서 소리쳤다.

엄마는 욕조에 물을 가득 받아 놓고 목욕하는 것을 좋아한다. 거품이 가득한 욕조 속에서 포도주 한 잔을 들고 있으면 마치 영화에 나오는 여주인공이 된 기분이라나? 하여튼 우리 엄마의 주책은 알아줘야 한다니까.

엄마 화장대에 가 보았다. 스킨과 크림이 거의 바닥을 드러내고 있었다. 실험실에 들어간 김에 아예 엄마 화장품까지 만들기로 했다.

우선 거품 목욕제부터 만들어 보자.

거품 목욕제 만들기

① 신문지를 깐다.
② 무수황산나트륨 2숟가락, 탄산수소나트륨 3숟가락, 푸마르산 2숟가락을 순서에 상관없이 비닐컵에 잘 넣고 섞는다.

무수황산나트륨   탄산수소나트륨   푸마르산

"엣취."

푸마르산을 넣다가 재채기를 하고 말았다. 조심한다고 했는데 그만 실수를 하고 만 것이다. 푸마르산은 가루로 되어 있어서 조심조심 다뤄야 한다. 가루가 날리면 콧구멍으로 들어가서 재채기가 날 수도 있기 때문이다.

어쨌든 바나나 향기가 물씬 풍기는 거품 목욕제 완성!

내가 만든 거품 목욕제를 탕 속에 넣었더니 거품이 부글부글 올랐다. 엄마는 영화 속 여주인공처럼 우아하게 거품 목욕을 즐겼다. 정말이지 영화 속 한 장면과 똑같다. 한 가지 다른 점이 있다면 미모에서 너무 차이가 확 난다고나 할까?

"아, 기분 좋다. 하늘아, 나 꼭 영화에 나오는 여배우 같지 않니?"

엄마가 기분 좋은 얼굴로 물었다.

'맞아요. 여배우의 엄마나 이모쯤 돼 보여요.'

나는 입 밖으로 튀어나오려는 이 말을 가까스로 참았다. 엄마도 자존심이 있을 테니까.

탕 속에 잔뜩 부풀어 오른 거품을 보자니, 아이스크림이 먹고 싶어졌다. 물론 저 거품과 아이스크림의 성분은 엄청난 차이가 있겠지? 내가 열 살만 어렸어도 당장 거품을 먹겠다고 울고불고 난리였을 테지만 지금은 거품을 먹으면 큰일 난다는 것쯤은 알고 있다.

거품은 입욕제 향수를 만들 때 사용한 물질 때문에 일어난다. 염기성인 탄산수소나트륨과 산성인 푸마르산이 만나면 탄산가스가 생긴다. 그러니까 욕탕 안에서 보글거리는 저 거품은 탄산가스인 셈이다.

탄산수소나트륨은 피부를 깨끗하게 만들어 준다. 또 탄산가스는 혈관을 확장시켜 혈액 순환이 잘 되게 도와준다. 에탄올은 우리 몸에 수분을 공급해 준다. 어찌 됐든 오늘 거품 목욕제에 들어간 재료들은 어른들, 특히 여자들 피부에 참 좋은 성분들이다.

입욕제 향수를 만들었으니 내친김에 스킨도 만들어야지.

스킨을 만드는 건 식은 죽 먹기다. 스킨은 세수를 하고 가장 먼저 바르는 맑은 물처럼 생긴 화장품이다.

스킨 만들기

① 수산화칼륨을 약숟가락 뒷부분으로 한 숟가락(0.2g) 넣어 뺀다

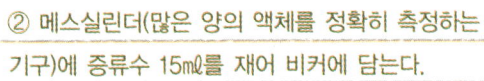

② 메스실린더(많은 양의 액체를 정확히 측정하는 기구)에 증류수 15㎖를 재어 비커에 담는다.

③ ②의 비커에 ①의 수산화칼륨을 넣어 녹인다.

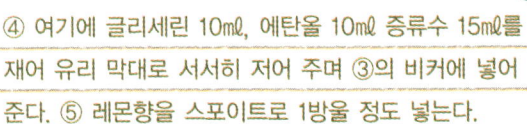

④ 여기에 글리세린 10㎖, 에탄올 10㎖ 증류수 15㎖를 재어 유리 막대로 서서히 저어 주며 ③의 비커에 넣어 준다. ⑤ 레몬향을 스포이트로 1방울 정도 넣는다.

이제 엄마가 즐겨 바르는 스킨이 완성!

증류수는 '정제수'라고도 한다. 사람 이름이 아니라 물을 깨끗하게 처리해 만든 순수한 물이라는 의미다.

그다음은 크림이다. 크림은 스킨보다는 만드는 방법이 까다롭다.

크림 만들기

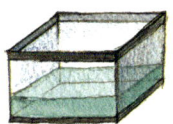

① 수조에 찬물을 3분의 1 정도 담아 놓는다.

② 증류수 35㎖를 비커에 넣은 뒤 수산화나트륨을 약숟가락 뒷부분으로 두 숟가락 넣고 잘 녹인다.

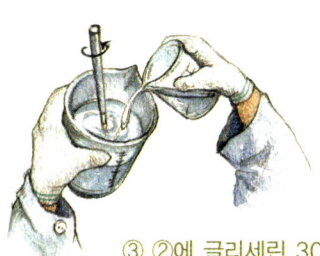

③ ②에 글리세린 30㎖를 넣고 저어 준다.

④ 막자사발에 스테아린산 25g을 넣어 빻은 뒤 비커에 담는다.

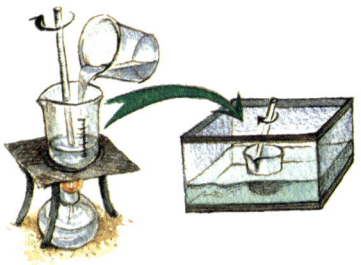

⑤ ③의 비커를 가열하여 끓기 시작하면 내려놓는다.

⑥ ④를 가열해 스테아린산을 녹인다.
⑦ ⑤를 ⑥에 천천히 부어 가며 유리 막대로 젓는다.
⑧ 끓기 직전에 ⑦의 막자 사발을 수조에 담가 서서히 저으며 식힌다.

⑨ 크림 알갱이가 적당하게 되었으면, 레몬향 한두 방울을 첨가한다.

엄마는 베니싱 크림을 좋아한다. 눈에 보이지는 않지만 베니싱 크림에는 작은 알갱이가 들어 있다. 이 작은 알갱이는 시간이 조금 지나면 피부에 흡수되어 없어진다.

스킨과 크림을 만들어서 빈 화장품 통에 넣어 놓았다. 목욕을 마치고 나온 엄마가 기분 좋게 바를 것이다.

내가 만든 화장품에는 방부제가 들어 있지 않다. 그러니까 오래 두고 써서는 안 된다. 그런 것쯤은 엄마도 알고 있다. 그래서 그런지 한 번 바를 때마다 듬뿍 떠서 바른다. 엄마가 화장품을 바르는 것을 볼 때마다 나는 이런 생각을 한다.

'나중에 내 부인 될 사람은 얼마나 좋을까? 이런 훌륭한 남편을 만났으니.'

끔찍한 유괴 사건

유괴 첫째 날, 밤 10시 29분

"때르릉."

한밤중에 전화벨이 울렸다. 이제 막 달콤한 잠 속에 빠지려는 순간, 거실에 있는 전화기가 요란하게 울린 것이다.

아빠와 엄마, 나는 깜짝 놀라서 방에서 나왔다. 시계를 보니 밤 10시 반이었다.

아빠가 전화를 받았다. 아빠는 한참 동안 "예, 예." 하는 대답만 했다. 표정으로 봐서 뭔가 심각한 일이 일어난 게 분명했다. 아빠는 주소와 전화번호를 물어보고 전화를 끊었다.

엄마가 밤하늘에 떠 있는 별만큼이나 반짝이는 눈으로 물었다. 우리 엄마는 사건이 터지면 눈빛부터 달라진다.

"어떤 사건이에요?"

아빠는 엄마와 나를 번갈아 바라보며 심각하게 말했다.

"내가 가장 싫어하는 범죄가 뭔지 알아?"

그때, 나는 직감적으로 전화 내용을 알 수 있었다.

"유괴!"

엄마와 내가 동시에 대답했다. 갑자기 잠이 확 달아났다. 아빠가 말했다.

"이 동네에서 오늘 오후 유괴 사건이 일어났어. 우리에게 유괴범을 잡아 달라는 의뢰가 들어왔는데, 모두들 어떻게 생각해?"

엄마와 나는 서로 얼굴을 마주 보았다. 그리고 일 초도 안 돼 우리는 똑같이 말했다.

"당연히 우리가 해결해야죠."

아빠와 엄마는 각각 양손에 가방을 들었다. 그리고 나는 노트북을 들었다. 사건 현장에 출동할 때, 우리는 간단한 실험 도구를 챙긴다. 지문을 채취하거나 어떤 성분을 분석할 때, 또 간단한 실험이 필요할 때를 대비해서 진단 시약이나 화학 성분 분석기, 화학물 분류 작업기, 거름종이 또 간단한 실험 도구들을 항상 가지고 다니는 것이다.

유괴 사건이 일어난 곳은 뜻밖에도 우리 동네였다. 우리 동네에서, 그것도 오늘 오후에 끔찍한 유괴 사건이 일어났다고 생각하니, 말할 수 없이 기분이 나빴다.

동네는 조용했다. 저 멀리서 개 짖는 소리가 유난히 크게 들렸다.

10분쯤 걸어갔을 때, 아빠가 어느 집 대문 앞에서 멈춰 섰다. 하얀 울타리 너머로 잘 가꿔진 정원이 보였다. 정원에는 나무 몇 그루가 유령처럼 서 있었고, 집 문패에는 큼지막하게 '나동근'이라는 이름이 적혀 있었다.

집 안은 환하게 불이 켜져 있었다. 아빠가 초인종을 눌렀다. 아빠가 방금 전화 받은 사람이라고 말하자 문이 열렸다.

우리가 들어갔을 때, 집 안은 엉망진창으로 어질러져 있었다. 거실은 온통 옷가지와 과자 봉지, 음식물 쓰레기까지 뒤엉켜 쓰레기장 같았다.

한 아주머니가 유령처럼 넋이 나간 얼굴로 거실 한가운데 서 있었다. 우리가 들어가자 아주머니는 기절할 것 같은 걸음으로 우리에게 다가왔다. 가까이서 보니 상태는 더욱 심각했다. 머리카락은 마구 헝클어졌고, 얼마나 울었는지, 눈은 퉁퉁 부어 있었다.

아주머니는 뭔가를 말하려고 하는 것 같았지만 입에서 말이 나오지 않는 모양이었다. 그저 "저기……, 저기……."라는 말만 되풀이했다.

엄마가 아주머니를 부축해서 의자에 앉혔다.

"일단 앉으세요."

우리는 아주머니를 둘러싸고 앉았다. 아주머니는 갑자기 흥분해서 소리치기 시작했다.

"우리 수재한테 무슨 일 생겼으면 어떡해요. 무서워 죽겠어요. 탐정님들, 제발 우리 수재를 구해 주세요. 저 수재 없으면 죽어요. 제발 구해 줘요. 제발 살려 주세요."

수재? 그러고 보니 이곳에 들어올 때 문패에 '나동근'이라고 쓰여져 있었던 게 번개처럼 생각났다. 그렇다면 유괴당한 아이가 바로 그 왕재수 나수재란 말인가?

나는 어떤 사건 앞에서도 좀처럼 긴장하거나 떨지 않는다. 어린 나이지만 내 간은 어른 것만큼이나 크다고, 나는 늘 생각해 왔다. 그런데 수재 이름을 듣는 순간, 가슴이 철렁 내려앉았다. 나도 수재 엄마처럼 마구 떨기 시작했다. 수재가 유괴를 당하다니. 세상에 맙소사!

수재 엄마는 우리 아빠가 마치 유괴범이라도 되는 것처럼 아빠 팔을 잡고 애원했다.

"제발 수재를 돌려주세요. 우리 수재가 얼마나 대단한 아이라구요. 억만금을 줘도 안 바꿀 우리 수재, 제발 수재를 돌려주세요."

아빠가 난처한 얼굴로 말했다.

"자자, 진정하세요. 이럴 때일수록 냉정해지셔야 합니다. 어쩌면 길고 지루한 싸움이 될지도 모릅니다."

엄마가 침착한 목소리로 물었다.

"수재 아빠는 아직 퇴근하지 않으셨나요?"

수재 엄마는 한숨을 내쉰 다음 말했다.

"지금 그이는 중국 출장 중이에요. 하필이면 이럴 때 출장 갈 게 뭐람. 당장 전화를 했으니까 내일쯤 도착할 거예요."

그때 부엌 쪽에서 이상한 소리가 들렸다.

"캑캑, 캑캑캑."

목에 닭뼈가 걸린 강아지 소리 같았다. 처음에는 조금 작게 들리더니 점점 커졌다.

우리는 동시에 부엌 쪽으로 고개를 돌렸다. 부엌에서, 아니 더 정확히 말하면 부엌 바닥에서 끔찍한 일이 벌어지고 있었다. 여러 종류의 가루가 바닥을 뒤덮고 있었다. 하얀 가루와 까만 가루, 또 아주 고운 가루와 굵은 가루들이 뒤범벅이었다. 그 가루 한가운데서 유령이 발버둥을 쳤다. 하얀 가루를 뒤집어쓴 아이는 '꼬마 유령 캐스퍼' 같았다. 그 유령이 캑캑, 캑캑, 목에 닭뼈가 걸린 강아지 소리를 내고 있었다.

"어머나, 천재야."

수재 엄마가 의자에서 벌떡 일어나 부엌 쪽으로 달려갔다. 그 유령은 수재 동생이었다. 그러니까 이름이 나천재?

"아이구, 이런. 맙소사."

그때서야 사태를 알아차린 수재 엄마는 머리를 쥐어뜯으며 신음 소리를 냈다. 천재가 부엌 찬장 문을 열고는 밀가루, 소금, 설탕, 고춧가루 등 온갖 양념들을 바닥에 쏟아 놓은 것이다. 천재는 뭔가를 삼켰는지 얼굴이 새빨갰다. 그리고 금방이라도 숨이 넘어갈 것처럼 캑캑대며 발버둥쳤다.

엄마가 천재에게 응급 처치를 했다. 천재는 엄마 얼굴을 보자 큰 소리로 울음을 터뜨렸다.

아빠가 물었다.

"주방에 혹시 유독 물질이 있지 않았습니까?"

"유독 물질이라니요?"

"예를 들면 가루비누라든가."

"어머, 어머, 말도 안 돼요. 그런 거 없어요."

아빠는 바닥에 흩어져 있던 가루들을 유심히 관찰했다. 수재 엄마가 재빨리 천재를 안고 흔들면서 말했다.

"정신이 없어서 무슨 가루가 있었는지 모르겠어요."

아빠는 서둘러 혼합물 분리 실험을 시작했다.

우선 바닥에 떨어져 있는 가루를 빗자루로 모두 쓸어 모았다. 가루들은 모두 뒤섞여 있었다. 언뜻 보기에는 소금과 녹말, 굵은 고춧가루인 것 같았다.

아빠는 큰 그릇에 가루를 모두 쏟아 넣었다.

섞인 양념가루 분리하기

① 물에 잘 섞어서 그대로 두었다가 한참 지나면 윗물만 잘 따라 낸다.
(소금은 물에 녹지만 녹말은 물에 녹지 않으므로 밑에 가라앉게 된다.)
② 따라 낸 액체를 거름종이에 거르면 고춧가루가 분리되어 나온다.
③ ①에 섞여 있는 굵은 고춧가루는 잘 건조시킨 후 고운 체로 거르면 밑쪽으로 밀가루가 나오고 위에는 굵은 고춧가루가 걸러진다.
④ ②의 액체를 증발접시에 넣고 가열하면 소금만 얻어 낼 수 있다.

아빠가 분리 작업을 하면서 말했다.

"자 이렇게 하면 녹말이나 소금, 고춧가루 등을 다시 사용할 수 있습니다."

"정말 신기하네요."

한참 넋을 잃고 구경하던 수재 엄마가 식탁을 보더니 다시 얼굴을 찡그렸다.

"저건 어쩌죠?"

개수대에는 물이 가득 담긴 그릇에 식용유가 둥둥 떠 있었다. 천재가 의자를 놓고 개수대로 올라가 사고를 친 것이다.

나는 개수대 쪽으로 재빨리 걸어가며 말했다.

"저건 제가 처리할게요."

물과 기름을 분리하는 것은 간단하다. 기름은 물에 섞이지 않고, 물 위에 떠 있기 때문이다. 나는 가방에서 스포이트를 꺼냈다. 그리고 물 위에 떠 있는 기름을 가만히 스포이트로 뽑아 다시 식용유 통에 넣었다.

물과 기름을 분리하는 또 다른 방법도 있다. 물과 기름의 혼합물을 비닐컵에 넣고, 컵의 밑 부분을 송곳으로 뚫는다. 그렇게 되면 밑에 있는 물이 먼저 빠져나오고, 비닐컵 안에는 기름만 남게 된다. 비닐컵에 남아 있는 식용유를 통에 담으면 다시 사용할 수 있다.

아빠는 친절하게도 부엌을 깨끗이 청소까지 했다.

"앞으로 양념통들은 아기 손이 닿지 않는 곳에 보관하시는 게 좋을 것 같습니다."

수재 엄마는 그제서야 안도의 한숨을 내쉬었다. 천재에게 물을 먹이고, 혹시 몰라 손가락을 목구멍에 넣어 먹은 것을 토해 내게 했다. 토하고 나자 천재도 울음을 멈추었다.

작은 소동이 끝나자 우리는 다시 거실로 가서 앉았다. 수재 엄마가 우리에게 종이 한 장을 내밀었다.

"이건 한 시간 전에 범인들이 우편함에 꽂아 놓은 협박 편지예요. 한번 보세요."

우리는 긴장된 마음으로 협박장을 펼쳤다.

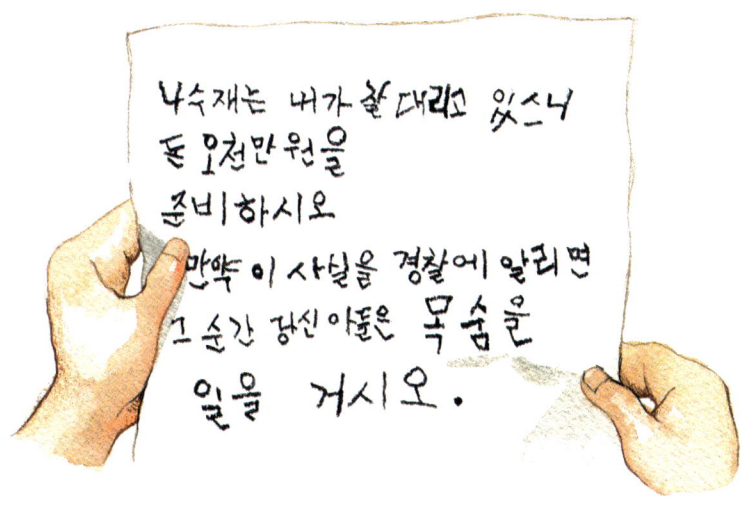

협박장을 보자 어이가 없었다. 초등학교 1학년짜리도 이렇게 엉터리 맞춤법은 쓰지 않을 것이다. '대리고'는 '데리고'

55

로, '일을'은 '잃을'로, '거시오'는 '것이오'로 써야 맞다.

범인에 대한 첫 번째 단서, '범인은 철자법도 제대로 모를 정도로 무식하다.'

범인들은 협박장과 함께 수재의 사진 한 장을 두고 갔다. 사진 속의 수재는 오늘자 신문을 펼쳐 들고 거만한 표정으로 카메라를 보고 있었다. 사진은 오늘 찍힌 게 분명했다. 낮에 학교 실험실과 헬륨 가스 풍선을 받을 때 봤던 그 수재가 맞다. 잘난 사람이 나 혼자밖에 없다는 듯한 그 거만한 표정이라니. 하지만 어쨌거나 그런 수재가 조금은 불쌍해 보였다.

우리는 협박장에 쓴 펜의 성분을 조사하기로 했다. 사건의 열쇠는 이렇게 사소한 것에서 생길 수도 있는 법이다.

우선 **크로마토그래피** 기법으로 펜의 성분을 알아내기로 했다. 사람도 나름대로 특징이 있다. 어떤 사람은 성격이 밝고 쾌활하고 어떤 사람은 조용하다. 책을 좋아하는 사람도 있고, 축구 같은 운동을 좋아하는 사람도 있다. 이 세상에서 닮은 사람은 있어도 똑같은 사람은 없다.

사람처럼 물질도 자기 특유의 성질을 갖고 있다. '크로마토그래피'란 각기 다른 물질의 특성을 이용해 아주 작은 양의 물질을 분리해 낼 때 사용하는 기법이다.

우선 협박장에서 '나'라는 글자 한 개를 오렸다.

"죄송하지만 커피를 거르는 여과지 한 장만 주세요."

> **크로마토그래피 분리**
>
> 여과지 끝에서 2cm 올라간 곳에, 오려 둔 글자 한 개를 풀로 살짝 붙인다. 접시에 0.5cm~1cm 정도의 물을 붓는다. 풀이 완전히 마른 여과지를 고깔처럼 벌려서 접시에 담근다.

내 부탁에 수재 엄마가 여과지 한 장을 갖다 주었다.

시간이 조금 지나자 검정색 잉크가 점점 하늘색, 주황색, 노란색, 보라색으로 나누어졌다.

만약 빨강색 펜이면 하늘색과 보라색으로 나누어지고, 파랑색 펜일 때는 노란색과 보라색, 분홍색으로 나누어질 것이다.

수재 엄마는 놀란 얼굴로 점점 변해 가는 글씨 색을 바라보았다.

"어머, 검정색 속에 참 여러 가지 색이 숨어 있었네."

나는 자신 있게 말했다.

"채소 색깔도 크로마토그래피로 분리해 낼 수 있어요."

"그래? 어떻게?"

"시금치와 당근을 각각 곱게 갈아서 그 물을 크로마토그래피 거름종이에 찍고 밑에만 살짝 알코올에 담가 두면 돼요. 시간이 지나면서 당근에서는 주황색 색소가, 시금치에서는 녹색 색소가 거름종이를 타고 올라와요."

"그렇구나. 그런데 왜 알코올에 담가 두지? 이건 물에 담갔잖아."

"채소에 들어 있는 색소는 물에 녹지 않고 알코올에서만 녹기 때문이에요."

수재 엄마는 고개를 끄덕이며 말했다.

"우리 수재만 똑똑한 줄 알았는데, 이제 보니 너도 보통 머리가 아니구나. 참, 그런데 한 가지 궁금한 게 있어."

"뭔데요?"

"왜 협박장에 있는 글씨 색을 분리하는 거지?"

"펜의 성질을 알아보기 위해서예요."

크로마토그래피로 색을 분리해 본 결과, 협박장에 사용된 펜은 문방구에서 파는 펜과 색깔이 달랐다. 우리나라에서 만든 펜에서 나오지 않는 색이 발견된 것이다.

그렇다면 또 하나의 단서를 발견한 셈이다. 범인은 외제 펜을 사용했다는 점!

우리는 수재의 방에 가 보았다. 나수재 책상은 방금 공부하다 자리를 비운 것처럼 책이며 공책이 책상 위에 펼쳐져 있었다.

책상 위에 있는 연필꽂이를 보았다. 그런데 이상한 점이 있었다. 수재가 쓰고 있는 펜이 모두 외제였던 것이다.

'그렇다면……?'

그때 뒤에 서 있던 수재 엄마가 말했다.

"수재는 외제 펜만 써요. 아빠가 출장 갔다 오면서 선물로 많이 사다 줬거든요."

그렇다면 협박장에 쓴 펜은 나수재가 갖고 있던 펜일 가능성이 높다.

연필꽂이에서 수재의 펜을 가져다가 또다시 크로마토그래피 실험을 해 보았다. 펜의 성분이 협박장 것과 똑같다.

이제 수재가 협박당했다는 사실은 더 분명해졌다.

시계 바늘이 열두 시를 가리켰다. 온 집 안을 기어 다니던 천재는 어느새 바닥에 엎드려 새근새근 자고 있었다. 옷은 온 집 안을 기어 다녀서 그런지 걸레처럼 더러웠고, 얼굴에서는 땟국물이 줄줄 흘렀다. 그런데도 자는 얼굴은 천사처럼 예뻤다.

자고 있는 천재를 보고 있으려니까 나도 하품이 나오려고 했다.

수재 엄마가 다시 불안해진 얼굴로 물었다.

"우리 수재 무사하겠죠? 정말 그렇겠죠?"

엄마가 수재 엄마 손을 꼭 잡고 말했다.

"그럼요. 걱정하지 마세요. 유괴범은 백이면 백 다 잡혀요. 우리가 꼭 유괴범을 잡고 수재를 구해 오겠습니다."

수재 엄마가 그제서야 조금 밝아진 얼굴로 말했다.

"여러분들의 명성은 익히 들어 알고 있었어요. 몇 달 전에 재벌집 다이아몬드 도난 사건을 해결하셨죠? 그 집 안주인이 제 친한 친구랍니다. 탐정님들의 솜씨가 예술의 경지에 이른다고 어찌나 칭찬을 해대던지. 그래서 저도 사건을 맡기게 되었답니다. 이번에도 잘 해결해 주세요."

고객으로부터 듣는 이런 칭찬쯤은 아무것도 아니다. 고객들 사이에서 우리는 예술가로 통한다고 한다.

아빠와 엄마와 나는 수재를 구출할 때까지 이 집에서 지내기로 했다. 우리가 없는 동안 어떤 일이 일어날지 모르기 때문이다.

우리는 거실을 임시 수사 사무실로 정했다. 나는 노트북을 연결했고, 아빠는 전화기에 도청 장치와 위치 추적 장치를 달았다.

잠자기 전, 나는 수첩에 오늘의 수사 기록을 적었다.

첫째, 범인은 맞춤법도 제대로 모르는 무식한 사람이다.

둘째, 범인은 경기도에 살고 있을지도 모른다. '우리일보'는 경기도에서 발행되는 신문이기 때문이다.

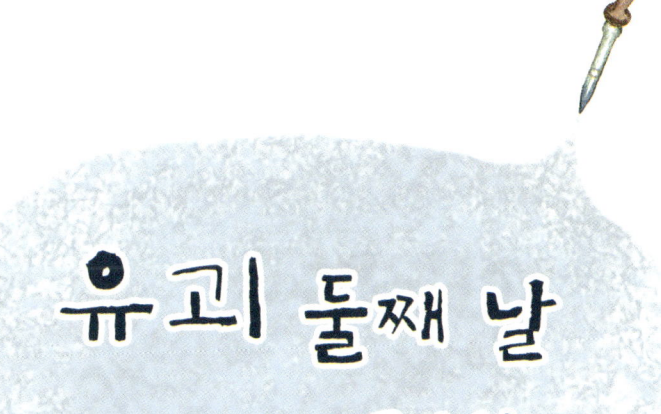

유괴 둘째 날
- 금요일

날이 밝자 우리는 본격적인 수사에 들어갔다. 아빠는 비디오 가게 문을 닫고, 우리들이 사용할 간단한 물건을 수재네 집에 가져다 놓았다. 엄마는 마당발답게 동네 사람들을 상대로 수상한 사람이 없었는지 묻고 다녔다.

나는 학교에 가서 아이들을 상대로 수사를 할 생각이었다.

오후 12시 10분

수재 자리는 비어 있었다. 빈 자리를 보니, 왠지 안타까운 마음이 들었다. 수재가 유괴당했다는 사실은 철저히 비밀에

부쳐야 했다. 그래서 수재 엄마는 수재가 지독한 감기에 걸려서 며칠 못 간다고 담임 선생님에게 전화했다.

나는 같은 반 아이들을 상대로 틈틈이 수사를 했다. 먼저 수재와 가장 가까이 있었던 짝 양민이가 첫 번째 대상이었다.

양민이에게 가서 물었다.

"수재가 감기에 걸렸다는데, 어제 무슨 일 있었니?"

양민이는 내 말을 들은 척도 하지 않았다. 나는 더 큰 소리로 말했다.

"수재가 없으니까 교실이 썰렁하네. 역시 나수재는 우리 반에 없어서는 안 될 인재란 말야."

그제서야 양민이가 어이가 없다는 얼굴로 말했다.

"그 녀석 없으니까 우리 교실에 평화가 온 것 같은데, 뭐. 아예 평생 안 나왔으면 좋겠다."

결국 양민이에게서는 어떤 정보도 캐내지 못했다. 갑자기 이번 사건 해결이 결코 쉽지 않을 것 같은 예감이 들었다.

그다음에는 수재 뒷자리에 앉은 영교에게 물었다.

"너 혹시 집에 갈 때 수재 못 봤니?"

영교가 시큰둥하게 대답했다.

"그런 재수 없는 애를 내가 왜 보냐?"

이렇게 되면 몹시 비참해진다. 내가 아니라, 수재가. 사람은 그래서 평소에도 덕을 쌓아야 한다고 했지.

반 아이들에게 정보를 캐낸다는 것은 불가능해 보였다. 아무도 수재에게 관심이 없었다. 오히려 수재가 안 오니까 더 좋다고 말하는 아이들이 대부분이었다.

그리고 보니 수재는 늘 혼자 다녔던 것 같다. 친구를 사귀지도 않았고, 또 아무도 수재에게 가까이 가지도 않았다.

'이게 다 수재의 그 잘난 체 때문이겠지.'

점심을 먹고 나서, 앞으로 어떻게 해야 할까 고민하고 있을 때였다. 누군가 내 어깨를 툭 쳤다. 돌아보니 박공주였다.

공주는 수재와 더불어 '왕재수 한 쌍'으로 불리는 인물이다. 얼굴도 예쁘고 공부도 잘하는 공주에게 딱 한 가지 흠이 있다면 잘난 척을 너무 많이 한다는 것이다.

"너 수재가 어제 누구를 만났는지 궁금하다고 했지?"

갑자기 정신이 번쩍 들었다. 그렇다면 공주가 수재의 행방을 알고 있단 말인가?

"그래. 수재가 어제 집에 가다가 누굴 만났는지 봤니?"

공주는 거만한 얼굴로 말했다.

"가르쳐 주면 뭘 해 줄 건데?"

역시! 아이들이 공주를 싫어하는 데는 다 이유가 있었다. 하지만 지금은 최대한 비위를 맞춰 주어야 했다.

"뭐 해 줄까?"

그러자 공주가 기다렸다는 듯 말했다.

"나 미술 시간에 쓸 크레파스를 안 가져왔거든. 그러니 크레파스 내놔."

이건 부탁도 아니고 순 명령이다. 정보를 얻기 위해서는 치사하지만 꾹 참는 수밖에.

나는 가방을 뒤져 보았다. 아뿔사! 어제 수재네 집에서 잠을 자느라 크레파스를 챙겨 오지 못했던 것이다.

좋아. 그렇다면 크레파스를 만들어 보자. 크레파스 만드는 일쯤은 아무것도 아니니까.

아무도 몰래 과학실로 달려갔다. 나는 과학실을 내 마음대로 드나들 수 있다. 내가 바로 과학실 담당이기 때문에 선생님이 언제든 과학실을 써도 좋다고 허락했다.

크레파스를 만들기 위해서는 일단 크레파스의 성질을 알아야 한다. 크레파스는 양초의 원료인 파라핀으로 만든다. 양초는 높은 온도에서 녹으며, 식으면 굳는 성질이 있다. 물과 친하지도 않아 물에 섞이지 않는다.

자, 그럼 이제부터 슬슬 크레파스를 만들어 볼까?

우선 과학실에 뭐가 있는지 살펴보자. 탄산칼슘과 양초가 있군. 왁스도 있고 파라핀유도 조금 있어. 물론 공업용 안료도 색깔별로 있네. 오케이. 재료 준비 완료.

일단 과학실 책상 위에 신문지를 깐다. 크레파스를 만들 때 책상이 지저분해지기 때문이다.

크레파스 만들기

장갑을 낀다. – 뜨겁기도 하고, 공업용 안료가 피부에 닿으면 좋지 않기 때문이다.
파라핀 – 무색의 반투명한 고체인데, 미술용품 가게에서 덩어리로 구입할 수 있다.

탄산칼슘 두 숟가락을 체에 쳐서 고운 가루로 만들어 놓는다.

양초를 자른 다음 은박지 컵에 담는다. 참, 이때 양초 속에 들어 있는 심지를 빼내야겠지.

그다음 왁스 알갱이 60개 정도를 은박지 컵에 함께 넣고 불에 올려놓는다.

양초와 왁스가 거의 다 녹으면 파라핀유 6㎖를 넣는다. 이때 용액이 끓지 않게 해야 한다. 끓으면 거품이 생기고 거품이 생기면 크레파스의 질이 떨어진다.

불을 끄고 탄산칼슘과 빨간색 안료를 조금씩 넣어 주며 젓는다. 그다음에는 크레파스를 담을 통을 만들자.

마분지로 크레파스를 담을 통의 전개도를 그리고 오려서 셀로판테이프로 꼼꼼히 붙여 둔다. 뜨거운 파라핀이 새어 나오기 쉬우므로 친친 감아 둔다.

다 식으면 틀에 천천히 붓는다. 그리고 굳을 때까지 10분 정도 그대로 둔다.

마지막에 넣는 안료를 다른 색깔로 넣으면 다양한 색깔의 크레파스를 만들 수 있다.

이렇게 해서 모두 열 가지 색깔의 크레파스를 만들었다.
내가 만든 크레파스는 색깔도 예쁘고 크기도 다른 것보다

크다. 그리고 무엇보다 세상에 단 하나밖에 없는 나만의 크레파스다.

크레파스는 양초와 왁스, 파라핀유와 색소만 들어간다. 여기에 오일과 왁스를 더 넣으면 뭉치지 않고 부드럽게 칠해지는 크레파스가 된다.

공주에게는 특별히 오일과 왁스를 듬뿍 넣은 크레파스를 만들어 주었다. 공주는 내가 만든 크레파스를 보더니 환호성을 질렀다.

"어머나, 이건 생전 처음 보는 크레파스네. 이거 어디서 샀어? 요즘 유행하는 손으로 직접 만든 크레파스 같은데?"

그런데 갑자기 내 공책에 크레파스를 마구 칠해 보는 것이었다. 내 인내심도 드디어 바닥을 드러내고 말았다.

"자, 이제 말해 봐. 어제 수재가 누구와 만났지?"

하지만 공주는 껌을 짝짝 씹으며 말했다.

"갑자기 사탕이 먹고 싶네."

'어휴, 그냥 확!'

마음 속에서는 열이 확 올랐지만, 나는 꾹 참고 태연하게 말했다.

"좋아. 사탕은 없고 대신 가루사탕을 줄게. 빨리 말해 봐."

"아냐. 사탕을 주면 말할 거야."

"말하면 준다니까."

"사탕 먼저 달라니까."

우리가 옥신각신하는 동안 점심 시간도 어느새 끝나 가고 있었다. 더 이상 시간을 끌 수 없었다. 나는 가방에서 사탕을 꺼냈다. 솔직히 사탕이 아니라 가루사탕이었다. 겉으로 보기엔 잘 모르지만 보통 가루사탕이 아니다. 입 안에 넣으면 톡톡 튀겨서 몹시 괴로워지는 가루사탕이다.

이 가루사탕의 이름을 나는 '**톡톡이**'라고 지었다. 톡톡이는 나만의 비법으로 만든 것이다.

먼저 설탕과 소다, 신맛을 내는 시트르산을 준비한다. 이 세 가지 가루를 잘 섞어서 봉지에 넣고 다닌다.

이 가루사탕은 침에 녹으면서 이산화탄소가 발생해 톡톡 쏘는 느낌이 든다. 또 녹는 동안 주위에 있는 열을 빼앗아 가서 입 안이 시원해지기도 한다. 졸릴 때 톡톡이를 쌀알만큼만 입에 넣어도 잠이 확 달아난다.

나는 봉지에 가득 들어 있는 톡톡이를 공주에게 보여 주었다.

"가루사탕이야."

공주는 의심이 가득한 눈초리로 말했다.

"너 이거 이상한 거 아니지?"

나는 보란 듯이 톡톡이를 입 안에 살짝 쏟았다. 으, 입 안에서 마구마구 튀는 톡톡이들. 하지만 나는 맛있는 척하며 빨아 먹었다.

그제서야 공주가 손바닥을 내밀었다.

나는 톡톡이를 아주 조금 박공주 손바닥에 쏟았다. 공주가 실망한 얼굴로 말했다.

"째째하게 이렇게 조금 주냐? 더 줘!"

'많이 먹으면 괴로울 텐데…….'

마음 속으로는 그렇게 생각했지만, 공주의 고집을 꺾을 수는 없었다.

"좋아. 그럼 더 줄 테니까 말해 줘. 수재가 어제 누구랑 만났지."

"먼저 사탕부터 줘."

"먼저 말해."

"좋아. 그럼 셋을 세고 동시에 주고 말하기."

"좋아. 하나, 둘, 셋!"

셋과 동시에 공주 손에 톡톡이를 쏟았다. 그리고 동시에 공주가 말했다.

"나!"

"나라니?"

어이가 없어서 멍하니 보고 있는데 공주가 말했다.

"어제 수재가 만난 사람은 바로 나야. 학교 끝나고 집에 가는데 내 뒤를 졸졸 쫓아오잖아. 그래서 딱 불러 세워 놓고 나한테 관심 있느냐고 물었지. 그랬더니 그 재수 없는 나수재가 말이지, 내 참, 기가 막혀서."

기가 막힌 건 나다. 하지만 수재가 뭐라고 했는지 조금은 궁금했다. 공주는 아직도 분이 안 풀렸는지 씩씩거리며 말했다.

"내 얼굴에 밥풀이 묻었다는 거야. 누가 자기더러 내 얼굴에 묻은 밥풀 떼어 달라고 했나? 정말 재수 없어."

계속 듣고 있던 내가 바보다. 공주한테 걸려든 나를 마구 쥐어뜯고 싶다. 하지만 절망하기에는 아직 이르다. 공주가 톡톡이를 입 안에 털어 넣은 것이다. 그 순간, 교실 안에는 어마어마한 괴성이 울려 퍼졌다. 마치 마녀가 공주가 되려고 마술약을 마신 뒤 실패해서 내지르는 괴성 같았다.

공주는 거의 천장까지 뛰어오를 것처럼 팔짝팔짝 뛰었다. 아이들은 그런 공주를 보고 웃느라고 정신이 없었다. 공주는 입을 손으로 가리키면서 뭐라고 말을 하려고 했다. 그러나 말이 나오지 않는지 "으으." 하는 소리만 냈다.

나는 아무 일도 없었던 것처럼 내 자리에 가서 앉았다. 이것을 유식한 말로 인과응보, 혹은 뿌린 대로 거둔다고 하나?

오후 2시 25분

학교가 끝나고, 수재가 평소에 다니던 길을 따라서 왔다. 학교 앞 문방구 앞에 아이들이 몰려 있었지만 수상한 점은 발견하지 못했다. 문방구 안에는 물건을 구경하는 아이들로 바글댔고, 문방구 오락기 앞에는 아이들 몇 명이 정신없이 게임을 하고 있었다.

거리는 아무 일도 일어나지 않았던 것처럼 평온했다. 어제 이 근처에서 끔찍한 유괴 사건이 일어났다고는 도저히 믿어지지 않았다.

나는 지나가는 사람들을 유심히 관찰했다. 혹시라도 유괴범을 찾아낼 수 있을까? 하지만 그건 어리석은 생각이었다. "내가 나수재를 유괴했소. 그러니 잡아가시오."라고 써붙이고 다닐 멍청한 유괴범은 세상에 단 한 명도 없을 테니까.

철물점 앞을 지나갈 때 문득 천재가 생각났다. 철물점에 들어가 PVA풀을 샀다. 천재에게 물컹이를 만들어 줄 생각이었다. 물컹이는 내가 만든 장난감이다. 물컹물컹하다고 이름을 물컹이라고 붙여 준 것이다.

물컹이는 밀가루 반죽처럼 만지는 대로 모양이 변한다. 그래서 물고기도 만들고 사람 모양, 꽃 모양으로도 만들 수 있다. 동그랗게 만들어서 바닥에 던지면 공처럼 튕겨 오르기도 한다.

문방구에서 파는 장난감은 재미가 없다. 뭐니 뭐니 해도 장난감은 자기가 직접 만들어서 가지고 놀아야 재미가 있는 법이지. 나는 어렸을 때부터 장난감을 사 본 적이 없다. 모두 내가 만들어서 가지고 놀았으니까.

자, 그럼 물컹이를 어떻게 만드는지 살펴볼까?

물컹이 만들기

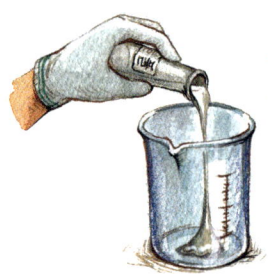

① 비커에 물풀 두 숟가락과 물 한 숟가락을 넣는다.

② ①에 붕사 용액(붕사 2g을 비커에 넣고 물을 부어 100㎖로 맞춘 것) 2㎖를 스포이트로 넣으며 천천히 저어 준다.

③ 식용 색소를 첨가한다.

④ 만든 것을 손으로 주물러 본다.
물컹이는 오래 두면 딱딱해진다. 만든 뒤 바로 가지고 노는 것이 좋다.
말랑말랑하게 보관하려면 랩으로 싸서 두는 것이 좋다.
붕사는 염기성 물질이다. 몸에는 위험하지 않지만 아이들이 먹거나 눈에 들어가면 위험하다.

천재가 재미있게 물컹이를 가지고 놀 생각을 하니까 기분이 좋았다. 이제 싱크대를 뒤져서 양념통을 다 쏟아 놓는 사고는 치지 않을 거야.

오후 2시 35분

우리 동네로 들어가는 길목에 '만나 분식점'이 있다. 이 분식집은 참새가 방앗간을 들락거리듯이 내가 자주 들르는 곳이다. 분식집 주인아주머니는 나하고 아주 친하다. 그래서 내가 가면 떡볶이도 더 많이 주고, 여름이면 시원한 물 한 잔도 얻어마시곤 한다.

그런데 그때, 분식집 안에서 요란한 소리가 났다. 무슨 일인지 궁금해서 안을 들여다보았다. 어디선가 많이 본 듯한 아저씨 두 명이 주인아주머니와 말다툼을 벌이고 있었다. 한 명은 키가 크고 뚱뚱했으며, 한 명은 키가 작고 말랐다. 풍선을 나누어 주던 피에로들이었다.

분식점 분위기는 무척이나 험악했다. 키가 크고 뚱뚱한 아저씨가 무서운 얼굴로 소리쳤다.

"내가 콜라 달라고 했지, 코코아 달라고 했어요?"

분식집 주인아주머니는 울상을 지었다.

"분명히 콜라 줬잖아요."

이번에는 키가 작고 마른 아저씨가 말했다.

"무슨 소리야. 내가 마신 건 코코아인데."

풍선을 나눠 주던 그 친절하던 아저씨들이 아니었다. 아저씨들은 불량배처럼 험악한 얼굴로 주인아주머니에게 대들었다. 분식집 주인아주머니는 절대 그럴 리가 없다면서 계속 아저씨들한테 하소연을 했다.

나는 분식집으로 들어가서 주인아주머니한테 말했다.

"아주머니, 물 좀 마실게요."

이 상황에서도 주인아주머니는 나를 반갑게 맞아 주었다.

"아, 하늘이구나. 그래, 주방에 가서 마셔."

주방에서 물을 마시는 척하며 물통에 설탕을 잔뜩 탔다. 더 이상 설탕이 녹을 수 없는 포화 상태까지 만든 뒤, 설탕과 물통을 들고 아저씨들 앞으로 갔다.

나는 최대한 예의를 갖춰 아저씨들에게 말했다.

"저, 잠깐만 실례 좀 해도 될까요?"

키가 크고 뚱뚱한 아저씨가 도끼눈을 뜨고 물었다.

"뭐야, 넌?"

나는 침착한 목소리로 말했다.

"만약 아저씨들이 이 물에 설탕을 녹일 수 있으면 제가 콜라 값, 아니 코코아 값을 대신 내 드릴게요. 하지만 안 녹으면 그땐 아저씨들이 콜라 값을 내는 거예요. 어때요?"

아저씨들이 '지금 장난하냐?' 하는 표정으로 나를 보았다. 하지만 나는 최대한 진지한 얼굴로 손에 들고 있는 물통과 설탕통을 탁자 위에 내려놓았다.

"자, 어디 한번 설탕을 녹여 보시죠."

키 크고 뚱뚱한 아저씨가 설탕을 물통 속에 부으며 말했다.

"물에 설탕 녹이는 것쯤이야 식은 죽 먹기지. 너는 콜라 값, 아니 코코아 값이나 준비해라."

나는 마음속으로 '야호!'를 외쳤다. 포화 상태, 즉 어떤 물질이 물에 더 이상 녹을 수 없을 때까지 녹아 있는 상태에서는 어떤 물질도 더 이상 녹지 않는다. 그러니까 이 내기는 처음부터 내가 이길 수밖에 없다, 이 말씀.

밥을 잔뜩 먹어 배가 부른 어른들은 이렇게 말하기도 한다.

"아이구, 배불러. 배가 포화 상태야. 더 이상 한 숟가락도 못 먹겠다."

꽉 차서 더 들어갈 수 없는 상태가 포화 상태다. 포화 용액이란, 더 이상 녹을 수 없을 정도로 어떤 물질이 녹아 있는 상태를 말한다. 보통 물 한 컵에는 소금이 36g, 설탕은 200g이 녹는다. 설탕으로 포화 용액을 만들려면 200g보다 더 많은 설탕을 넣어야 한다.

키가 크고 뚱뚱한 아저씨가 숟가락으로 설탕물을 마구 저었다. 하지만 내 예상대로 설탕은 녹지 않았다. 키가 작고 마른 아저씨가 숟가락을 빼앗은 뒤 더 심하게 저었다. 마찬가지였다. 하얀 설탕은 물통 아래 수북이 쌓여 있을 뿐이었다.

"이상하네. 왜 안 녹지?"

"너 이 물에다 무슨 짓을 한 거야? 아니, 이거 물 맞아?"

아저씨들이 험상궂은 얼굴로 나에게 소리쳤다. 나는 애써 태연한 표정으로 물통의 물을 잔에 따라서 벌컥벌컥 마셨다. 그리고 컵에 한 잔을 따라 아저씨들에게 내밀며 말했다.

"아저씨들도 마셔 볼래요?"

아저씨들은 화가 났지만, 설탕물을 마시지는 않았다.

"너 지금 우리한테 장난하냐?"

"당연히 이 물에는 설탕이 녹지 않아요. 왜냐하면 제가 안에서 이 물에 설탕을 가득 타서 녹였거든요. 포화 상태에서는 어떤 물질도 더 이상 녹지 않는다는 것쯤은 아저씨들도 알고 계시겠죠?"

키가 크고 뚱뚱한 아저씨가 내 멱살을 잡더니 울그락불그락해진 얼굴로 말했다.

"하룻강아지 범 무서운 줄 모른다더니. 너 혼나 볼래?"

이럴 때일수록 침착해야 한다. 당황하거나 무서운 내색을 하면 상대방은 더 강하게 나오는 법이다.

"아주머니, 아직 경찰에 신고 안 하셨죠?"

'경찰'이라는 말이 나오기가 무섭게 키가 크고 뚱뚱한 아저씨가 나를 놔 주었다.

나는 아저씨들이 마신 음료수 컵을 양손에 들고 말했다.

"자, 아저씨들이 억지를 부리시기에 저도 한번 억지를 부려 봤어요. 아저씨들이 코코아를 마셨다고 말씀하셨는데 이제부터 제가 진실을 증명해 보이도록 하죠. 아저씨들은 콜라를 주문했는데 분명히 코코아가 나왔다고 주장하셨죠? 코코아는 유성, 즉 기름에 잘 녹는 성분이므로 찬물에는 잘 녹지 않아요. 뜨거운 물에 녹였다 식혀도 가루가 남게 되죠. 그런데 이 컵을 보세요. 잔에 가루의 흔적이 남아 있나요? 없죠?"

아저씨들은 금세 난처한 표정을 지었다. 나는 분식집 벽에 붙어 있는 메뉴판을 가리키며 말했다.

"그리고 저 메뉴판을 자세히 보세요. 사이다, 콜라, 오렌지 주스뿐이잖아요. 어디에도 코코아가 없지요. 메뉴판에도 없는 음료수를 주인아주머니가 과연 주셨을까요?"

주인아주머니가 손뼉을 치며 맞장구를 쳤다.

"그럼, 그럼. 그렇다마다. 우리 집에선 코코아 안 팔아."

그제서야 키가 작고 마른 아저씨가 주머니에서 돈을 꺼내 탁자 위에 올려놓았다. 그러고는 슬며시 가게를 나가려 했다.

나는 아저씨들을 불렀다.

"잠깐만요!"

아저씨들이 놀라서 그 자리에 멈췄다. 나는 아저씨들에게

다가가서 신중하고도 정중한 얼굴로 말했다.

"아저씨들 어디 사세요?"

키가 크고 뚱뚱한 아저씨가 나를 노려보며 물었다.

"그건 알아서 뭐 하게?"

"이 동네에 사는 분 같지는 않아서요."

이번에는 키가 작고 마른 아저씨가 키가 크고 뚱뚱한 아저씨를 잡아끌며 말했다.

"시간 없어. 빨리 가지."

아저씨들은 눈빛을 주고받더니 분식집 앞에 세워 놓은 오토바이에 올라탔다. 번호를 알아 두려고 아무리 찾아봐도 번호판이 없었다.

낡은 오토바이는 요란한 소리를 남기고 빠른 속도로 달려가 버렸다.

오후 7시 45분

우리 식구는 다시 수재네 집에 모였다. 수재 엄마는 어제보다 한결 안정되어 보였다. 하지만 얼굴은 여전히 불안하고 초조했다.

유괴범에게는 전화가 걸려오지도 않았고, 또 다른 협박장도 날아오지 않았다.

나는 분식집에서 봤던 아저씨들 이야기를 아빠 엄마한테 해 주었다. 아빠 엄마는 그 두 사람이 의심스럽다고 했다.

엄마가 말했다.

"맞아. 동네 사람들도 어제 피에로 복장을 한 사람들이 아이들한테 풍선을 나눠 줬다고 했어."

아빠가 심각한 얼굴로 말했다.

"그렇다면 그 두 사람이 왜 오늘 분식집에 나타났을까?"

"혹시 수재네 집을 엿보려고 했던 게 아니었을까요?"

나는 그 두 남자의 정체가 이번 유괴 사건과 관련이 있을지도 모른다고 생각했다. 어쩐지 그날, 나수재가 자기 아버지 자랑을 하자마자 서둘러 그 자리에서 떠난 게 이상했다.

아빠는 경찰서에 있는 친구에게 전화를 걸어 번호판을 붙이지 않은 낡은 오토바이를 수배해 달라고 부탁했다.

밤 10시 12분

한여름 날씨는 밤이 되어도 시원해지지 않았다. 오히려 푹푹 찌는 열대야가 계속되었다.

수재 엄마는 밤이 되자 더 불안한 모양이었다. 한시도 앉아 있지 못하고 집 안을 왔다 갔다 했다. 그러다 중국으로 전화를 걸어, 빨리 오지 않는다고 수재 아빠에게 화를 냈다. 수재 아빠는 너무나 급한 일 때문에 오지도 못하고 발만 동동 구르고 있는 것 같았다.

창문을 모두 열고, 선풍기를 틀어도 더위는 가시지 않았다.

수재 엄마가 마실 것을 내왔다. 시원한 수정과였다. 아빠와 엄마는 수정과를 좋아하지만, 나는 싫어한다. 혀를 톡 쏘는 그 매운맛 때문이다.

엄마는 수정과를 꿀꺽꿀꺽 마셨다.

나는 수정과를 들고 고민에 빠졌다. 평소에 나 자신이 예의 바른 어린이라고 생각해 왔다. 그런데 정성껏 내온 음료수를 마시지 않는 것은 예의 바른 행동이 아니다. 그렇다고 수정과를 마시자니 영 내키지가 않았다.

수정과 잔을 들고 고민하고 있는데, 마침 천재가 내 쪽으로 기어왔다.

'옳지! 좋은 방법이 있다.'

나는 천재를 내 무릎에 앉혔다.

천재는 내가 안아 주자 방긋방긋 웃었다. 천재에게 내가 만든 물컹이를 주었다. 천재는 물컹이를 신기한 듯이 만지작거리며 잘 가지고 놀았다.

'천재야, 미안하다. 형이 실례 좀 할게.'

천재가 물컹이에 정신이 팔려 있는 동안 나는 재빨리 천재 기저귀에 수정과를 조금씩 부었다.

예상했던 대로 수정과는 기저귀에 잘 스며들었다. 아무리 아기가 오줌을 싸도 엉덩이가 뽀송뽀송하다는 바로 그 기저귀였다.

기저귀는 수정과 한 컵을 몽땅 마셨다. 그러고도 시치미를 뚝 떼듯 뽀송뽀송했다.

그렇다면 여기서 잠깐! 기저귀는 왜 이렇게 물을 잘 흡수하는 걸까?

그 비밀은 기저귀 속에 들어 있는 젤리 모양의 물질에 있다. 젤리 모양의 이 물질은 녹말과 식물에 많이 들어 있는 셀룰로오스로 만들어졌다. 그래서 흙 속에 들어가면 잘 썩고, 태워도 환경을 오염시키지 않는다.

또 물도 쏙쏙 빨아들이는 성질이 있다. 아기가 몇 번 오줌을 싸도 기저귀가 오줌을 모두 빨아들여 엉덩이가 뽀송뽀송할 수 있는 것이다.

그러나 기저귀 겉을 싸고 있는 종이는 잘 썩지 않아 환경에도 안 좋고, 아기 건강에도 좋지 않다.

스펀지도 물을 잘 빨아들인다. 하지만 스펀지는 기저귀로 쓰지 않는다. 스펀지는 짜면 물이 다시 나오기 때문이다. 만약 스펀지로 기저귀를 만든다면 아기가 앉기만 해도 오줌이 아기 엉덩이를 젖게 만들 것이다. 그래서 스펀지를 아기 기저귀로 사용하지 않는 것이다.

'계피는 아기 피부에 안 좋을 수도 있으니까 빨리 갈아 줘야지.'

나는 천재를 번쩍 들어올리며 말했다.

"천재가 오줌을 많이 쌌구나. 이리 와. 이 형아가 기저귀를 갈아 줄게."

새 기저귀를 갈아 주자, 천재는 기분이 좋은지 잘 놀았다. 나도 천재 같은 귀여운 동생이 하나 있었으면.

"천재야, 형아가 옛날 이야기 하나 해 줄까?"

천재가 나를 말똥말똥 올려다보았다. 나는 천재를 무릎에 앉히고 옛날 이야기를 들려주었다.

"옛날, 아주 오랜 옛날에 한 장사꾼이 당나귀에 소금을 싣고 팔러 가고 있었어요.

당나귀는 소금이 무거워서 땀을 뻘뻘 흘렸지요. 그런데 그만 냇물을 건너다가 발을 헛디디는 바람에 당나귀는 냇물에 넘어지고 말았답니다. 당나귀는 간신히 일어났어요. 그런데 이게 어떻게 된 일일까요? 무거웠던 짐이 가벼워진 거예요.

천재야, 왜 당나귀 짐이 가벼워졌는지 아니?"

천재는 빙긋 웃기만 할 뿐 아무 대답도 못 했다. 천재는 아직 돌도 안 지난 어린아이라 내가 하는 이야기를 제대로 이해 못 할 수밖에. 그래도 천재는 재미있는지 내 얼굴을 뚫어져라 보았다.

"그건 바로 당나귀가 등에 지고 있던 소금이 물에 녹았기 때문이야. 소금은 물에 녹는 성질이 있거든. 그걸 유식한 말로 용해라고 해. 자, 따라해 봐. 용해!"

"……."

천재는 씨익 웃었다. 역시 내 얘기가 재미있다는 뜻이겠지.

나는 신이 나서 계속 말했다.

"다음번 장날이 됐어요. 장사꾼이 이번에는 당나귀 등에 솜을 가득 실었어요. 꾀가 많은 당나귀는 냇물에 다다르자 지난번 소금을 싣고 가던 일이 떠올랐지요. 그래서 이렇게 속으로 생각했답니다. '음, 이번에는 일부러 냇물에 넘어져야지. 그럼 지금보다 더 가벼워질 거야. 흐흐, 나는 역시 천재 당나귀란 말씀이야.'"

천재라는 말에 천재가 활짝 웃었다.

"당나귀는 일부러 냇물에 철퍼덕 넘어졌어. 그런데 어쩌지? 짐이 넘어지기 전보다 훨씬 더 무거워진 거야. 이게 어떻게 된 일이람? 당나귀는 울상이 되었어. 왜 더 무거워졌는지 천재는 아니?"

천재는 여전히 방긋방긋 웃었다.

"몰라도 괜찮아. 아직 돌도 안 된 어린아기가 그 이유를 알 까닭이 없지."

나는 동화 구연을 하듯 손짓까지 섞어 가면서 말했다.

"그건 솜이 물을 잔뜩 먹었기 때문이에요. 솜은 말랐을 때는 가볍지만 물을 빨아들이면 무거워지거든요. 솜은 소금처럼 물에 녹는 성질이 있는 게 아니라 물을 빨아들이는 성질이 있기 때문이에요. 이제 알겠어요?"

천재가 고개를 끄덕거렸다.

화장실에 갔다 온 아빠가 탁자 위에 놓인 빈 컵을 가리키며 말했다.

"어, 내 수정과 누가 마셨어?"

탁자 위에는 빈 컵 세 개가 놓여 있었다.

엄마는 눈을 동그랗게 떴다.

"당신이 마셨잖아요."

"아냐. 난 한 모금도 안 마셨어."

"에이, 당신이 마셨으면서."

수재 유괴 사건을 해결해야 하지만, 지금은 아빠 수정과를 마신 범인을 찾는 게 먼저였다.

수재 엄마는 한 잔 더 갖다 주겠다고 했지만 아빠는 정중하게 거절했다.

아빠는 엄마와 나를 예리한 눈빛으로 보더니 말했다.

"범인은 둘 중 한 명이겠지. 기다려 봐. 내가 범인을 찾아낼 테니까."

아주 잠깐 엄마 얼굴에서 긴장의 빛이 스치고 지나갔다.

아빠는 아무 말도 없이 앉아만 있었다. 십 분, 이십 분……. 공기 속에 긴장감이 흘렀다.

모기들이 윙윙거리며 날아다녔다.

"앗, 따가워."

모기가 사정없이 내 피를 빨아먹었다. 아빠도 여기저기 모기에게 뜯긴 자국이 선명했다. 하지만 엄마는 한 군데도 모기에 물린 자국이 없었다.

그제서야 아빠가 엄마를 흘겨보며 말했다.

"수정과를 먹은 사람은 바로 당신이야."

엄마가 얼굴을 붉히며 말했다.

"사실은 제가 당신 수정과까지 마셨어요."

수재 엄마가 의아한 얼굴로 아빠를 보며 물었다.

"그런데 그걸 어떻게 아셨어요?"

아빠가 말했다.

"모기가 증거입니다. 모기는 계피향을 아주 싫어하거든요. 수정과는 생강과 설탕 그리고 모기가 싫어하는 계피를 끓여서 만들지요. 그래서 모기에 물리지 않은 사람이 수정과를 마신 사람입니다."

수재 엄마가 말했다.

"아하, 그럼 모기에 안 물리려면 몸에 계핏가루를 바르면 되겠군요."

"맞습니다. 또 계피가 들어간 음료를 꾸준히 마셔도 모기에 물리지 않습니다."

"그럼 우리 천재한테도 계핏가루를 발라 줘야겠네요."

수재 엄마가 모처럼 미소를 지었다. 그리고 곧 부엌에 가서 시원한 수정과를 또 내왔다.

아빠가 나에게 물었다.

"그럼 하늘이는 왜 물었지? 너도 수정과 마셨잖아."

모두가 나를 보았다. 그렇다고 수정과를 천재 기저귀에 쏟았다고 말할 수는 없었다.

나는 머리를 긁적이며 말했다.

"제 피는 특별히 맛있나 보죠."

엄마가 말했다.

"어, 그러고 보니 천재도 모기한테 안 물렸네?"

그 비밀은 나만 알고 있다. 천재야, 내가 수정과를 기저귀에 쏟아 버렸기 때문에 모기들이 달라붙지 않은 거란다. 이 형한테 고마워 해. 알았지?

수정과 만들기

재료 : 계피 30g~50g, 생강 2톨~4톨,
물 10컵, 설탕 1.5컵, 곶감 20여 개,
호두 10여 개, 꿀, 잣 2큰술

① 깨끗이 씻은 계피를 5컵 정도의 물을 붓고 끓인 뒤, 국물만 남긴다.

② 곱게 저민 생강을 물 5컵과 함께 중간불에서 오랫동안 끓인 후 고운 체에 거른다.

③ 곶감은 씨를 빼고, 주머니 모양으로 모양을 둥글게 만들어 놓는다.

④ ①, ②의 국물을 혼합해서 설탕을 넣고 골고루 젓는다. 위의 국물에 곶감을 넣어 불린 후, 예쁜 그릇에 담고 잣과 곶감을 맞추어 넣는다.

수정과를 마신 범인은 찾았지만 수재를 유괴해 간 범인은 아직도 찾지 못했다.

하루 종일 조용히 있던 전화벨이 울렸다. 우리는 깜짝 놀라서 전화기 앞으로 모여들었다. 아빠는 발신자 추적 장치와 도청 장치를 가동시켰다. 아빠가 눈짓을 하자 수재 엄마가 떨리는 손으로 수화기를 들었다.

"여……, 보……, 세요."

우리는 도청 장치에 귀를 바싹 갖다 댔다.

"우리 수재 어떻게 됐어?"

우렁찬 아저씨 목소리였다. 그제서야 수재 엄마는 힘없이 의자에 주저앉으며 흐느껴 울기 시작했다.

수재 아빠는 며칠 뒤에나 올 수 있다면서, 안타까운 목소리로 말했다. 하지만 수재 엄마는 빨리 와 달라는 말만 되풀이했다. 수재 아빠는 수재가 무사할 거라고, 조급하게 마음 먹지 말고 범인들이 시키는 대로 하라고 말했다.

아빠와 수재 아빠가 통화를 했다. 아빠는 지금 철저한 비공개 수사를 하고 있으니까 걱정하지 말라고 수재 아빠를 안심시켰다. 수재 아빠는 돈이 얼마가 들어도 좋으니 수재를 무사히 돌아올 수 있도록 범인들의 요구를 모두 들어주라고 말했다.

통화가 끝난 뒤 수재 엄마는 한참을 더 울었다.

밤 11시 54분

이제 자야 할 시간이다.

수재 엄마는 울다 지쳐서 방에 들어가 잠이 들었다. 밖은 이미 어두워졌다. 우리도 적당한 자리를 찾아 눈을 붙였다. 거실에는 희미한 전등불 한 개만 켜 놓았다.

집 안은 고요했다. 윙윙, 냉장고 돌아가는 소리만 크게 들려왔다. 냉장고 돌아가는 소리는 규칙적으로 들려왔다. 냉장고에서 저렇게 규칙적으로 소리가 나는 건 **바이메탈** 장치 때문이다.

바이메탈은 온도에 따라 늘어나는 정도가 다른 두 금속을 붙여 놓은 것이다. 저온에서 휘는 금속과 고온에서 휘는 금속이 맞붙어 있으면, 전류가 흘러서 고온이 되면 고온에서 늘어나는 성질을 갖고 있는 금속은 늘어날 것이다. 하지만 고온에서도 늘어나지 않는 성질을 갖고 있는 금속은 꼼짝도 하지 않을 것이다.

만약 밥통 속의 온도가 올라가면 금속이 휘게 되어 전류를 막는다. 그래서 더 이상 뜨거워지지 않게 한다. 시간이 지나서 밥통 속의 온도가 식게 되면 금속이 제자리로 가서 전류를 흐르게 함으로써 온도가 올라간다.

이 바이메탈 장치를 보온 밥통이나 냉장고에 달게 되면 일정한 온도를 유지할 수 있게 되는 것이다.

바이메탈 장치를 해 놓으면 가로등에도 불이 들어왔다가 자동으로 꺼지고 다시 시간이 지나면 자동으로 불이 들어오도록 할 수 있다.

밤이 깊었지만 왠지 잠이 오지 않았다. 나는 냉장고 소리를 들으며 깊은 생각에 빠졌다.

지금쯤 나수재는 무슨 생각을 하고 있을까? 나수재는 똑똑하니까 분명히 탈출 방법을 짜내고 있을지도 모르지. 어쩌면 이미 우리에게 어떤 신호를 보내고 있을지도 몰라.

만약 수재가 우리에게 신호를 보냈다면 어떤 신호를 보냈을까?

유난히 가로등 불빛이 밝아 보였다.

거실 의자 위에 누워 잠을 이루지 못하고 있는데, 창 밖에 검은 그림자가 지나가는 게 얼핏 보였다. 나는 너무나 놀랐지만, 그대로 누워 모든 신경을 창 밖에 집중시켰다. 그때 갑자기 거실에 켜놓은 희미한 불이 꺼졌다.

조금 뒤, 또 한 명의 그림자가 지나갔다. 그리고 부엌 쪽 문이 아주 조용히 덜컹거렸다. 나는 바닥에 누워 있는 엄마를 깨웠다.

"엄마."

엄마는 세상 모르게 잠들어 있었다. 그러는 동안 부엌 쪽에서 문을 여는 소리가 났다.

'도둑이다.'

가슴이 재봉틀처럼 떨렸다. 하지만 이럴 때일수록 침착, 또 침착.

나는 조용히 바닥으로 내려가 엄마를 흔들어 깨웠다. 엄마가 졸린 눈을 간신히 떴다. 나는 엄마 귀에 대고 작은 목소리로 말했다.

"부엌 쪽 창문으로 누군가 들어오려고 해요."

그러자 엄마가 벌떡 일어났다.

"하늘아, 불 켜."

"전기가 나갔어요."

엄마는 날쌔게 부엌 쪽으로 달려가, 부엌 창문 쪽에 대고 소리쳤다.

"거기 누구야?"

그때 갑자기 뭔가 깨지는 요란한 소리가 났다. 엄마는 밖으로 통하는 부엌 문을 열고 밖으로 뛰쳐나갔다.

시끄러운 소리에 아빠가 일어났다. 수재 엄마도 깜짝 놀라 방에서 나왔다.

불을 켜려고 했지만 전기가 나가서 불을 켤 수가 없었다. 수재 엄마는 어둠 속에서 부들부들 떨었다.

아빠가 가방을 열고 무지개 색 양초들을 꺼냈다. 무지개 색 양초들은 내가 심심할 때 만들어 놓은 것들이다.

여기서 잠깐, 세상에 하나뿐인 나만의 무지개 양초 만드는 법을 공개해야겠다.

양초 만들기

① 면장갑을 낀다.

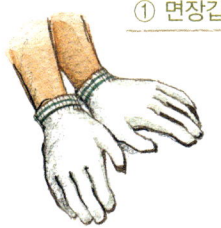

② 무명실 3겹을 꼬아 심지를 만든다.

③ 심지를 이쑤시개에 매달아 종이컵에 늘어뜨려 놓는다.

④ 증발 접시에 파라핀 토막을 넣어 가열한다.

⑤ 파라핀이 반쯤 녹았을 때 크레파스 도막을 넣고 잘 녹도록 섞는다.

⑥ ⑤를 ③에 부어 준다.

⑦ 허브 오일이나 허브잎을 넣고 굳히면 허브 향초가 된다.

파라핀은 너무 많이 가열하면 불이 붙기 쉽다. 그러니까 3분의 2 정도 녹으면 불을 꺼야 한다. 덩어리가 있더라도 녹은 파라핀의 온도 때문에 덩어리도 녹을 수 있기 때문이다.

초가 다 굳었으면 종이컵을 떼어 낸다. 빨리 굳히고 싶으면 종이컵을 찬물에 담그면 된다.

무지개 색 양초를 모두 켜자 집 안은 분위기에 안 맞게 낭만적으로 변했다.

나는 수재 엄마를 안심시켰다.

"걱정 마세요. 저희가 있으니까요."

색색깔 예쁜 촛불을 보더니 수재 엄마의 마음도 조금은 안정되는 것 같았다.

잠시 뒤, 나는 괴한을 뒤쫓아 간 엄마가 궁금해서 밖으로 나갔다. 집 주위는 조용했다. 하지만 대문을 나가자 길 건너편 전봇대 아래서는 처절한 격투가 벌어지고 있었다.

엄마는 주특기인 돌려차기를 날렸다. 괴한은 엄마에게 맞아 나가떨어졌다. 키가 작고 마른 괴한은 분식집에서 봤던 그 아저씨들 중 한 명이었다.

그런데 내 뒤에서 오토바이 한 대가 요란한 소리를 내며 내 옆을 지나 엄마 쪽으로 달려갔다. 그러더니 정말 눈 깜짝할 사이에 넘어져 있던 괴한이 오토바이에 올라탔다.

엄마는 오토바이를 향해 몸을 날렸다. 그러나 오토바이는 아슬아슬하게 빠져나갔다. 오토바이는 번개처럼 빠르게 큰길로 사라졌다.

나는 엄마에게 달려갔다. 엄마는 억울한 듯 주먹을 불끈 쥐었다.

"놓쳐 버렸네."

엄마는 다행히 아무 부상이 없었다. 엄마는 괴한들을 놓쳤다고 무척이나 억울해 했지만, 엄마가 다치지 않은 것만 해도 천만다행이었다.

엄마는 장갑을 끼고 범인이 버리고 간 음료수 병을 종이 봉지에 담았다.

아빠는 즉시 지문 채취 도구를 꺼냈다. 고운 가루를 음료수 병에 뿌린 뒤, 솔로 살살 문지른다. 희미하게 지문 자국이 생긴다. 그 다음 투명 테이프로 지문 자국을 찍어 내면, 투명 테이프에 지문이 찍힌다.

아빠는 즉시 지문이 찍힌 투명 테이프를 국립과학수사연구소 김 박사님에게 보냈다. 김 박사님은 아빠와 둘도 없이 친한 친구다. 김 박사님은 언제나 아빠가 의뢰하는 검사를 빠른 시간에 알려 주었다.

수재네 집에 들어오려고 했던 괴한들은 내가 낮에 분식집에서 봤던 그 아저씨들이 분명했다. 또 수재가 유괴당하던 날 아이들에게 풍선을 나눠 주던 피에로 복장의 아저씨들과도 같은 사람들이었다. 이제 내일이면 괴한의 이름, 사는 곳, 전과가 있는지 없는지 등 모든 것을 알게 될 것이다.
 그러나 한 가지 의문점이 생겼다. 왜 괴한들은 수재네 집을 털려고 했던 것일까? 분명히 그들은 부엌으로 통하는 창문을 열고 안으로 들어오려고 했다. 유괴범이라면 요구한 돈을 받으면 되는데, 왜 또 수재네 집을 털려고 했는지, 그것이 풀리지 않는 수수께끼였다.
 하여튼 내일이면 모든 게 밝혀질 것이다.

유괴 셋째 날
- 토요일

오전 9시 12분

토요 휴업일, 학교에 가지 않는 날이다.

김 박사님에게서 메일이 왔다. 지문 검사 결과가 나왔다고 했다. 아빠는 그 두 사람의 신원을 경찰청에 문의했다. 곧 경찰청에서 그들에 대한 자세한 정보를 알려 주었다.

사진을 보니 풍선을 나눠 주던 그 피에로, 분식집에서 콜라 값을 내지 않으려고 하던 그 아저씨들이 분명했다. 사는 곳은 경기도 팔도군 팔도면 칠교리였다. 인터넷으로 지도를 검색해 보니 이곳에서 약 두 시간 정도 걸리는 거리였다.

아빠가 심각한 얼굴로 말했다.

"사진에서 수재가 들고 있던 신문이 경기도에서 발행하는 신문이었지?"

엄마가 말했다.

"당장 출동해요."

나는 사건 현장에 출동할 때도 별로 긴장되지 않았다. 하지만 지금은 왠지 가슴이 떨리고, 입이 바짝 말랐다. 수재가 같은 또래라서 그럴지도 모르겠다. 아니면 나 자신도 모르게 나 수재에게 관심을 갖고 있었거나. 어쨌거나 제발 무사히 나수재를 구출해야 할 텐데…….

우리가 가방을 챙겨 들고 나가려고 할 때, 수재 엄마가 천재를 둘러업고 따라 나왔다.

"저도 따라가겠어요."

아빠가 난처한 얼굴로 말했다.

"안 됩니다. 저희에게 맡겨 주십시오."

그러자 수재 엄마가 울먹였다.

"이렇게 기다리다가는 가슴이 다 타 버릴 것만 같아요. 재가 될 것 같다고요."

엄마가 수재 엄마 손을 꼭 잡고 말했다.

"걱정하지 말고 기다리세요."

결국 수재 엄마는 집에 남기로 했다.

우리는 즉시 주소지를 향해 출발했다.

오전 11시 5분

하늘은 푸르고 공기는 상쾌했다.

자동차가 한적한 시골길로 접어들었다. 이정표에 '칠교리'라고 적혀 있었다. 길 양쪽은 논이었다.

논에서는 푸르고 싱싱한 벼들이 자라고 있었다. 아주 작은 벼이삭이 잎사귀 사이에서 연둣빛을 내며 빼꼼하게 솟아올라 있었다.

벼이삭을 보자 예전에 있었던 일이 생각났다. 내가 여섯 살 되던 해 봄, 우리는 시골에 있는 할아버지 댁에 갔었다. 조금 창피한 얘기지만 그때까지 나는 벼가 어떻게 생겼는지 몰랐다. 물론 책을 읽어서 벼에서 쌀이 나온다는 것은 알고 있었지만, 벼는 쌀을 심어서 나오는 줄로만 알았다. 할아버지는 볍씨에서 쌀이 나온다고 가르쳐 주었다. 볍씨에서 껍질을 벗기면 쌀이 된다는 것을 그때 처음 알았다.

아빠가 할아버지 일을 거든다며 커다란 통에 소금을 잔뜩 풀었다. 아빠는 그렇게 소금물을 만드는 이유가 바로 나쁜 볍씨인 쭉정이를 골라내기 위해서라고 말했다.

그런데 이상하게도 소금물에 달걀을 떨어뜨려 보는 것이다. 달걀은 물 위에 둥둥 떴다. 아빠는 그것을 보고 이제 소금물이 적당하다고 했다.

아빠는 소금물에 볍씨를 쏟았다. 그랬더니 볍씨들이 물 위에 둥둥 떴다. 하지만 가라앉는 볍씨가 훨씬 더 많았다

나는 도무지 이해할 수가 없었다. 어떻게 소금물이 좋은 볍씨와 나쁜 볍씨를 골라낸단 말인가. 아빠가 하는 게 모두 마술 같았다.

그때 아빠가 해 주던 말이 지금도 생각난다.

"하늘아, 나쁜 볍씨는 속이 비었기 때문에 물에 뜨는 거야. 하지만 좋은 볍씨는 속이 꽉 찼기 때문에 무거워서 물에 가라앉는 거지. 좋은 볍씨를 심어야 싹이 터서 벼가 되고 쌀이 된단다. 우리 하늘이도 좋은 볍씨처럼 속이 꽉 찬 알찬 사람이 되어야 한다."

어느 물체나 무게와 크기를 가지고 있다. 그 크기를 '부피'라고도 한다.

볍씨가 썩으면 속이 비거나 공기가 차게 된다. 소금을 넣은 물은 무겁고, 속이 빈 볍씨는 가볍기 때문에 당연히 속이 빈 볍씨가 물에 뜨는 거겠지.

아빠 말을 듣고 보니 과연 이해가 되었다.

그때 아빠 말을 듣고, 어린 마음에도 소금물에 둥둥 뜨는 쭉정이는 되지 말아야겠다고 다짐했다.

나는 자동차 창문을 내리고는 맑고 상쾌한 시골 공기를 마음껏 들이마시며 생각했다. 사건을 해결하러 가는 길만 아니

었다면 정말 근사한 소풍이 되었을 것 같다고 말이다.

아빠는 말없이 운전대를 잡고 있었다. 조수석에 앉은 엄마는 밖을 두리번거리며 주소와 맞는지 살폈다. 앞을 보던 엄마가 소리쳤다.

"여보, 조심해!"

아빠는 차 속력을 늦췄다. 우리 차 앞에 짐을 가득 실은 경운기 한 대가 덜덜거리며 오고 있었다. 아빠는 경운기가 지나갈 수 있도록 자동차를 길 옆에 바짝 세웠다. 경운기가 겨우 우리 차 옆으로 지나갔다.

그런데 우리 차 옆을 지나가던 경운기에서 곡식 자루가 와르르 쏟아졌다. 경운기에 짐을 너무 많이 실어서 중심을 잃었기 때문이다.

좁은 길에는 삽시간에 경운기에서 떨어진 쌀, 콩, 조, 보리쌀 등 곡식들이 가득 널려 있었다.

경운기에서 내린 농부 할아버지가 난처한 얼굴로 길에 쏟아진 곡식들을 보고 있었다. 우리 식구도 차에서 내렸다.

아빠는 손목시계를 보았다.

"어허, 어쩌지?"

엄마 얼굴에도 난처한 기색이 역력했다.

지금 시간이 별로 없다. 빨리 가서 유괴범을 잡고 수재를 구출해야 한다. 하지만 눈앞에 벌어진 이 일도 모른 체할 수가 없다.

할아버지는 쭈그려 앉아서 뒤섞인 곡식들을 자루에 쓸어 담았다.

아빠가 결론을 내린 듯 말했다.

"저희가 도와 드리겠습니다."

우리는 재빨리 자동차로 가서 뒷자리에 실려 있는 굵은 체와 가는 체, 그보다 더 가는 체를 가지고 왔다.

아빠와 엄마는 체로 곡식을 거르기 시작했다. 제일 먼저 가장 가는 체에 섞인 곡식들을 걸렀다. 가장 작은 조가 깨끗하게 걸러졌다. 그다음 굵기의 체로는 보리쌀을 걸렀다. 콩과 섞여 있던 쌀이 깨끗하게 걸러졌다. 마지막으로 가는 체에는 작은 돌멩이에 섞인 콩을 걸러 냈다. 돌멩이는 모두 빠지고 콩만 남았다.

곡식을 다 분리해 낸 후, 내가 마지막 작업을 했다. 나는 자석을 꺼내 걸러진 곡식에 대 보았다.

할아버지가 물었다.

"아가, 넌 지금 뭐 하는 거니?"

나는 씨익 웃으며 대답했다.

"모래 속에는 철가루가 섞여 있거든요. 이 곡식들 속에 철가루가 묻지 않았을까 하고요. 자석으로 철가루를 다 분리해 낼 수가 있어요."

자석에는 아주 작은 철가루들이 들러붙었다. 그제서야 할아버지가 허허, 웃으시며 좋아하셨다.

"정말 고마운 사람들이로구만."

할아버지는 고맙다고 하시면서 콩 한 자루를 주셨다.

낮 12시 12분

드디어 목적지에 도착했다. 그러나 막상 도착해 보니 주소지는 커다란 창고였다. 뭔가 이상하다는 생각이 머리를 스쳤다. 하지만 여기까지 온 이상 어쩔 수가 없었다. 창고 안을 조사해 보는 수밖에.

창고 주변에는 지저분한 쓰레기들이 널려 있었다. 근처에는 그런 창고가 몇 개 더 있었다. 사람들은 보이지 않았다.

아빠는 자동차 시동을 껐다.

엄마가 목소리를 낮춰서 물었다.

"뭔가 이상하지 않아요?"

"하여튼 조사해 보자고."

우리는 소리나지 않게 창고 문 쪽으로 다가갔다. 그리고 창고 벽에 귀를 바싹 대고 안에서 나는 소리에 귀를 기울였다.

안에서는 아무런 소리도 들리지 않았다.

"아무도 없는 거 아니에요?"

아빠가 손가락을 입에 가져다 대고 말했다.

"쉿!"

엄마가 살며시 문을 열었다. 긴장되는 순간이었다.

안에서 어린아이 목소리가 들렸다.

"살려 주세요!"

분명히 남자 아이 목소리였다. 가슴이 철렁 내려앉았다. 아빠가 나는 밖에 남아 있으라고 손짓을 했다. 잘못하면 수재의 목숨이 위태로운 순간이었다.

안에서 이번에는 남자 목소리가 들렸다.

"당장 해치워."

"지금은 안 돼."

목소리로 봐서 두 명 이상이 있는 것 같았다. 엄마와 아빠가 눈짓을 주고받았다.

엄마는 심호흡을 크게 하더니 문을 발로 뻥 찼다. 문이 요란한 소리를 내며 열렸다. 엄마는 안으로 뛰어들어가며 큰 소리로 외쳤다.

"꼼짝 마!"

창고 안을 본 나는 깜짝 놀랐다.

한 남자 아이가 의자에 손발이 묶인 채 앉아 있었다. 그 앞에 두 명의 남자가 서 있었는데, 한 사람은 키가 작고 뚱뚱했으며 한 사람은 키가 크고 말랐다. 두 사람은 아빠 엄마를 보더니 깜짝 놀라서 뒤로 물러섰다. 아빠가 공기총을 꺼내 들이대고 말했다.

"꼼짝 말고 그대로 있어."

그중 키가 크고 마른 사람이 아빠에게 걸어오며 신경질적인 얼굴로 물었다.

"당신들은 누구요?"

그 순간 엄마가 몸을 날렸다. 엄마는 날렵한 솜씨로 키가 크고 마른 남자를 때려 눕혔다. 키가 크고 마른 남자가 힘없이 나가 떨어졌다.

이번에는 키가 작고 뚱뚱한 남자가 엄마에게 다가왔다. 엄마는 또다시 간단하게 제압했다. 키가 작고 뚱뚱한 남자는 키가 크고 마른 남자 몸 위에 힘없이 철퍼덕 엎어졌다.

그 사이 나는 의자에 묶여 있는 남자 아이에게 달려갔다.

"수재야, 우리가 널 구해 주러 왔……."

말을 끝내기도 전에 남자 아이가 고개를 돌렸다. 앗, 그런데 수재가 아니었다.

내가 알고 있던 우리 반 나수재는 분명히 동글동글한 얼굴에 짙은 눈썹, 반짝반짝 빛나는 눈을 가진 아이였다. 그런데 의자에 묶여 있던 아이는 얼굴이 길죽하고 눈은 아주 작았다.

그리고 보니 바닥에 쓰러져 있는 사람들도 내가 아는 그 범인들이 아니었다. 내가 아는 범인들은 키가 크고 뚱뚱한 사람과 키가 작고 날씬한 사람이었다. 하지만 쓰러져 있는 사람들은 키가 크고 날씬한 사람과 키가 작고 뚱뚱한 사람이었다.

귀신에 홀린 기분이었다.

의자에 묶여 있던 그 아이가 나에게 물었다.

"넌 누구니?"

"그러는 넌 누구야?"

잠깐 동안 무슨 일인지 영문을 몰라 멀뚱히 서 있는데, 갑자기 사방에서 불이 켜졌다. 눈을 뜰 수 없을 정도로 밝은 불빛이었다. 눈을 가늘게 뜨고 앞을 봤다. 창고에는 많은 사람들이 모여 있었다. 조명을 들고 있는 사람들도 있었고, 카메라를 들고 있는 사람도 있었다. 정말 뭐가 뭔지 정신이 하나도 없었다.

바로 그때, 사람들 속에서 모자를 눌러쓴 한 아저씨가 우리 쪽으로 걸어오며 외쳤다.

"컷!"

모자를 쓴 아저씨가 우리에게 걸어오는 그 짧은 순간, 나는 이 모든 사태를 알아 버렸다. 그리고 우리가 정말로 돌이킬 수 없는 엄청난 실수를 했다는 사실도.

지금 이 안에서는 영화나 드라마를 찍는 게 분명했다. 카메라와 조명들, 많은 스탭들을 보니 분명히 실제 장면은 아니었다. 순간, 등줄기에서 식은땀이 흘러내렸다.

내 짐작대로였다. 지금 이 창고에서는 영화를 찍고 있었던 것이다. 그것도 유괴 영화를 말이다. 영화 제목은 〈쌍문동 유괴 사건〉.

우리 가족은 보기 좋게 웃음거리가 됐다. 졸지에 코미디 영화의 한 장면을 우리가 연출한 것이다. 우리 사연을 들은 영화사 사람들은 한 5분 동안 다들 정신없이 웃어 댔다. 졸지에 우리는 코미디언 같은 신세가 되어 버렸다.

감독은 그럴 수도 있다면서 너그럽게 우리의 실수를 용서해 주었다. 하지만 아빠나 엄마, 나는 우리 실수를 도저히 용서할 수 없었다.

우리의 탐정 생활 중 이처럼 치욕스럽고, 이처럼 처참한 실수는 처음이었다. 아빠 엄마도 창피해서 어쩔 줄 몰라 했다.

우리는 일 초라도 빨리 그곳을 떠나야만 했다.

우리가 막 돌아서서 문을 향해 걸어나오려고 할 때, 감독 아저씨가 우리를 불렀다.

"저, 아주머니, 아까 보니까 무술 실력이 대단하시던걸요. 혹시 모르니까 다음 제 영화 때 출연해 주실 생각은 없으십니까? 제가 다음 영화로 액션 영화를 생각하고 있거든요."

아빠는 터져 나오려는 웃음을 억지로 참느라 입술을 씰룩거렸다. 엄마는 화가 머리끝까지 나서 얼굴까지 새빨개졌다.

나도 이렇게 비참한 기분인데, 아빠 엄마는 어떨까?

서둘러 그곳을 빠져나오려는데, 한 아저씨가 달려와 다급한 목소리로 말했다.

"소품 담당자와 특수 효과 담당자가 함께 차를 타고 오다가 교통 사고를 당했답니다."

감독이 놀라서 소리쳤다.

"뭐?"

"다행히 다치지는 않았는데, 소품팀과 특수 효과팀이 오늘은 올 수 없답니다."

그제서야 감독이 난처한 얼굴로 말했다.

"큰일이군. 오늘 꼭 권총이 필요한데."

문 쪽으로 가던 아빠와 엄마가 감독이 하는 말을 들었다. 아빠와 엄마는 서로 얼굴을 보며 뭔가 눈빛을 주고받았다.

아빠가 조심스럽게 감독한테 말했다.

"저희가 뭔가 도움이 될 수 있을 것 같습니다."

감독이 놀란 얼굴로 아빠를 보았다.

"제가 알코올 권총을 만들어 드리겠습니다."

알코올 권총은 아빠만 만들 수 있다. 빈 필름통에 알코올을 넣어서 만드는 건데, 소리가 아주 크고 위험하다. 따라서 사람에게 쏘거나 안을 들여다보면 다칠 수도 있다.

감독이 미심쩍어하는 얼굴로 말했다.

"그럼 한번 만들어 보시지요."

알코올 권총 만들기

① 필름통 2개를 밑부분끼리 마주 닿게 붙이고(한쪽은 반응이 일어날 부분이고, 다른 쪽은 손잡이의 역할을 해 준다.) 절연 테이프로 감아 총의 몸체를 만든다.

② 압전기 전선 끝의 피복을 1cm 정도 벗겨 낸다.
③ 나머지 전선의 한쪽 끝의 피복은 1cm 정도 벗겨 내고, 다른 한쪽 끝은 4cm 정도 벗겨 낸다.

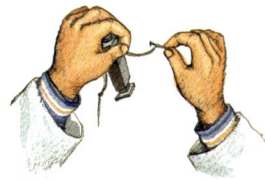

④ ③의 4cm 정도 벗겨진 전선을 압전기의 금속 부분에 감고 테이프로 고정한다.

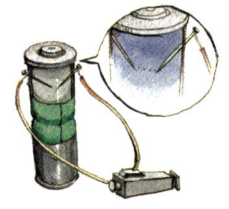

⑤ 압전기의 전선 끝과 나머지 전선의 끝을 각각 침핀에 감아 고정시킨다.
⑥ 핀을 필름통에 꽂는다. 핀과 핀 사이는 1cm~2cm 정도 떨어지도록 한다.

⑦ 핀이 꽂힌 쪽 필름통에 알코올을 한두 방울만 떨어뜨리고(많이 넣으면 발사 후에도 화염 방사기처럼 될 수 있다.), 과녁을 향해 조준하고 압전기 스위치를 누르면 스파크 불꽃이 일어나며 알코올이 일시에 연소되면서 폭발한다.

여기서 압전기란 스위치를 눌렀을 때 순간적으로 전류를 흐르게 하는 기구다.

자, 그럼 알코올 권총이 어떻게 발사되는 건지 그 원리를 알아볼까?

우선 알코올의 성분부터 알아봐야겠지. 알코올은 아주 낮은 온도에서도 기체로 변하는 성질이 있다. 한 마디로 성격이 불처럼 급하다, 이 말씀.

얼마나 급하면 압전기에서 나온 순간적인 불꽃만으로도 액체가 기체로 확 변해 버리는 것이다.

액체가 기체로 되면 부피가 늘어나게 된다. 부피가 늘어나게 되면 비좁은 필름통 속에 갇혀 있지 않고 총알처럼 빠른 속도로 튀어나가 버리게 된다.

이런 원리로 필름통 속에 들어 있는 알코올이 기체로 변해 불꽃을 내며 튕겨져 나가는 것이다.

아빠는 알코올 권총을 사람이 없는 빈 공간에 쏘았다. 꽝! 하는 엄청난 소리가 나면서 권총을 막아 놓은 필름 뚜껑이 날아갔다.

모여 있던 사람들이 깜짝 놀랐다. 감독님은 손뼉을 치며 말했다.

"좋아요. 알코올 권총 쏘는 장면을 멀리서 촬영하면 되겠군요. 정말 소리도 크고 힘도 좋은데요."

아빠는 어깨를 으쓱해 보였다. 그리고 알코올 권총을 더 많이 만들어 주었다.

오후 3시 34분

수재네 집에 도둑이 들었다.

엎친 데 덮친다는 말은 이럴 때를 두고 하는 말인 것 같다.

우리가 도착했을 때, 다행히 도둑은 경찰에게 잡혔다. 하지만 수재 엄마는 거의 기절할 것 같은 얼굴로 멍하니 앉아 있었다.

엄마가 수재 엄마에게 달려가 물었다.

"어떻게 된 일이에요?"

하지만 수재 엄마는 아무 말도 하지 못했다. 너무 큰 충격을 받은 듯, 할 말을 잃은 것 같았다.

경찰 아저씨가 오늘 오후에 있었던 일을 자세히 얘기해 주었다.

우리가 범인을 잡으러 출동하고 난 뒤, 피곤에 지친 수재 엄마는 천재를 재우다 깜빡 잠이 들었다. 어느 순간, 갑자기 바스락거리는 소리가 나서 눈을 떴다. 그런데 눈앞에서 끔찍한 일이 벌어지고 있었다.

복면을 쓴 도둑이 집 안을 뒤지고 있었던 것이다. 옷장 속에는 다이아몬드와 루비, 진주 목걸이 등 온갖 값나가는 보석이 모두 들어 있었다.

도둑은 수재 엄마를 보자 달아났다. 그런데 안방에서 또 한 명의 도둑이 나왔다. 그 도둑을 보자 수재 엄마는 너무 놀라서 기절을 해 버리고 말았다.

그로부터 몇 분 뒤, 경찰들이 와서 수재 엄마를 깨웠다. 수재네 집을 털고 나가던 도둑들을 때마침 순찰 중이던 경찰들이 붙잡아 범행 일체를 자백받은 것이다.

두 명의 도둑들은 우리가 그토록 찾아 헤매던 바로 그 아저씨들이었다. 풍선을 나눠 주고, 분식집에서 시비를 걸었으며, 밤에 엄마와 격투를 벌였던 바로 그 아저씨들이었다. 도둑을 보자마자 엄마도 나도 놀랐다.

도대체 이게 어떻게 된 일일까?

그 두 사람은 유괴범이 아니라 단순한 도둑이었다. 두 사람은 일주일 전부터 이 동네에 나타나 털 만한 집이 있는지 살펴보고 다녔다. 피에로 복장을 하고 풍선을 나눠 주던 것도 도둑질할 집을 염탐하기 위해서였다.

어젯밤, 두 명의 도둑은 수재네 집을 염탐했다. 그러나 엄마에게 걸려서 도망쳤다. 그리고 오늘, 집에 수재 엄마와 어린 천재만 있다는 사실을 안 도둑들이 우리가 없는 틈을 타서 물건을 훔치러 들어온 것이다.

모든 것이 처음으로 돌아가고 말았다. 우리는 사흘 동안 아무 쓸모도 없는 일에 시간을 낭비한 것이다. 범인들 집이라고 찾아간 경기도의 그 창고도 도둑들이 주민 등록에 올려놓은 가짜 주소였다.

수재 엄마는 우리가 허탕을 치고 왔고, 거기다 우리가 없는 동안 도둑까지 맞아서인지 실망이 컸다. 내가 생각해도 우리가 한 일은 너무나 한심했다. 원숭이도 나무에서 떨어진다더니, 지금 우리를 두고 하는 말인 것 같다.

수재 엄마는 한참 동안 한숨만 푹푹 내쉬더니 조심스럽게 말했다.

"지금 당장 경찰에 알려서 공개 수사를 하겠어요."

아빠가 기운 없는 얼굴로 말했다.

"면목 없습니다. 하지만 한 번만 더 기회를 주신다면 반드시 범인을 잡겠습니다."

"당신들을 믿을 수가 없어요. 지금까지 도대체 당신들이 한 일이 뭐죠?"

그 말에는 할 말이 없었다. 그러나 자존심이 상했다. 우리가 해결하지 못한 일은 지금까지 한 건도 없었다. 이런 식으로 물러날 수는 없었다.

아빠 엄마를 대신해서 내가 수재 엄마한테 부탁했다.

"마지막으로 한 번만 기회를 주세요."

수재 엄마는 매서운 눈으로 나를 노려보더니 신경질적인 얼굴로 소리쳤다.

"너 같은 어린애를 믿은 내가 어리석었어. 지금 당장 우리 집에서 나가 주세요. 경찰에 알리겠어요."

수재 엄마는 수화기를 집어들었다. 수재 엄마가 떨리는 손가락으로 11을 누르고 2를 누르려는 순간, 초인종이 울렸다. 초인종 소리에 놀란 수재 엄마가 수화기를 떨어뜨렸다.

엄마가 나가 보았다. 문 밖에는 택배 아저씨가 서 있었다.

"택배 왔습니다."

택배 아저씨가 누런 봉투를 내밀었다.

엄마가 봉투를 수재 엄마에게 가져다 주었다. 겉면에 보내는 사람이 '나수재'라고 적혀 있었다. 수재 엄마가 봉투를 들고 부들부들 떨었다.

"도저히 떨려서 못 보겠어요."

아빠가 봉투를 뜯었다. 편지 두 장이 나왔다. 먼저 범인이 보낸 편지였다. 나수재는 무사히 잘 있으니 약속한 돈 오천만 원을 만 원짜리 현금으로 가방에 담아, 내일 한강 다리 밑으로 가져오라는 내용이었다.

나머지 한 장은 수재가 쓴 편지였다.

자기는 무사하니까 아저씨들이 시키는 대로 하라는 내용이었다. 글씨는 바르고 정확하게 썼다. 역시 똑똑한 수재다운 글씨체였다.

  수재의 글씨를 알아본 수재 엄마는 그제서야 안도의 한숨을 내쉬었다.

  나는 나수재 편지를 유심히 들여다보았다.

  나수재는 똑똑한 아이다. 이 편지에 뭔가 범인의 정체에 대해서 흔적을 남겼을 것이다. 범인들이 알지 못하도록.

  '혹시 비밀 편지를 썼을지도 몰라.'

  비밀 편지를 쓰는 방법은 여러 가지가 있지. 비밀 편지는 겉으로는 보이지 않아도 물에 담그거나 불에 쬐었을 때 색깔이 변하면서 글씨를 볼 수 있다.

  나도 가끔씩 친구들에게 비밀 편지를 쓰곤 한다. 내가 자주 사용하는 방법은 젖은 종이 위에 연필 자국을 내서 쓰는 방법이다.

  먼저 종이를 물에 잠깐 담갔다가 꺼낸다. 물 묻은 종이에 마른 종이 반 장을 얹은 다음 연필로 꾹꾹 눌러 글씨를 쓴다. 이때는 젖은 종이 아래 신문지를 깔아야 한다.

  글씨를 다 썼으면 위에 있는 종이를 떼어 낸다. 아래 젖은 종이에 글씨가 보인다. 이 젖은 종이를 말린다. 종이가 마르면서 글씨가 점점 희미해진다. 다 마르면 글씨가 보이지 않는다. 하지만 이 편지를 다시 물에 띄워 보면 거짓말처럼 글씨가 나타난다.

두 번째 방법으로는 설탕물로 쓰는 방법이 있다.

설탕을 물에 녹여서 설탕물을 만든다. 설탕물을 면봉에 찍어 종이에 글씨를 쓴다. 설탕물이 마르면서 글씨 자국이 사라진다.

설탕물로 쓴 비밀 편지는 불 위에 대 보면 알 수 있다. 불에 가까이 대면 글씨를 쓴 부분이 갈색으로 변하면서 글씨가 나타난다.

소금을 녹여서 같은 방법으로 쓰기도 한다. 글씨가 잘 보이지 않을 때는 종이를 평평하게 잡고 불에 쬐어 본다.

비밀 편지 쓰기

① 오렌지 주스로 쓴 글씨: 가열하거나 요오드(약국에서 파는 것을 써도 됨)를 이용한다.

② 설탕물로 쓴 글씨 : 다리미로 다려 보아도 보인다.

③ 양초로 쓴 글씨 읽기 : 종이를 불 가까이 대면 초가 녹아서 글씨가 보인다.

나는 편지를 먼저 불 위에 쬐어 보았다. 아무 글씨도 나타나지 않았다. 설탕물로 비밀 편지를 쓰지는 않은 듯 보인다.

그 다음은 물에 살짝 담가 보았다. 그런데 정말 희미하게 뭔가가 나타났다. 나는 돋보기로 수재가 쓴 비밀 편지를 자세히 살펴보았다.

그런데 수재가 쓴 비밀 편지에는 글씨 대신 그림이 그려져 있었다.

부채 하나, 곰돌이 푸우 그림 하나, '러'라고 쓴 글씨, 빵 하나, 마지막에 집 한 채.

우리는 그림을 앞에 놓고 고민에 빠졌다.

엄마가 고개를 갸우뚱거리며 말했다.

"왜 이런 그림을 그렸을까요?"

"글쎄······."

아빠도 엄마도 도저히 이 그림만 가지고는 나수재가 무엇을 말하려고 하는지 알 수 없었다.

수재 엄마가 말했다.

"내일 당장 돈을 범인들에게 주겠어요. 우리 수재만 무사히 돌아올 수 있다면 그보다 더한 것도 줄 거예요."

결국 수재 엄마는 우리에게 한 번의 기회를 더 주었다.

우리는 수재가 보낸 비밀 편지를 해독하기 위해 머리를 쥐어짰다.

아빠가 말했다.

"여기서 부채는 뭘 의미하는 걸까?"

"푸우 그림은 뭘 말하려고 하는 걸까요?"

그림을 각각 하나씩 보면 아무리 생각해도 답이 나오지 않았다. 나는 그림을 하나로 묶어서 생각해 보았다.

"혹시 이 그림을 다 모아 보면 어떤 단어가 만들어지지 않을까요?"

아빠와 엄마가 고개를 갸우뚱거렸다.

나는 침착하고도 치밀하게 그림을 분석하기 시작했다.

"부채는 아마도 '부' 자를 나타내려고 그린 것 같아요. 푸우 그림은 '푸' 자를, '러' 자는 말 그대로 '러' 라는 글씨를, 빵은 '빵' 자를 나타내려고 한 것 같아요."

이번에는 내가 말했다.

"집 그림은 '집' 자를 나타낸 거고요."

아빠가 뭔가 알 것 같다는 얼굴로 말했다.

"이 첫 글자를 다 모아 보면?"

엄마가 재빨리 말했다.

"부푸러."

아빠가 이어서 말했다.

"빵집?"

어두운 동굴 속에 한 줄기 밝은 빛이 비치고 있는 것 같은 기분이었다.

우리는 즉시 인터넷으로 경기도에 있는 '부푸러 빵집'을 검색해 보았다.

단 한 곳, '부푸러 빵집'이라는 이름의 빵집이 검색되었다.

우리는 망설일 필요도 없이, 곧장 '부푸러 빵집'으로 출동했다.

오후 5시 5분

'부푸러 빵집'은 경기도의 한 작은 읍내에 있었다.

간판에는 '부푸러 빵집'이라고 적혀 있었다. 역시 범인은 철자법도 제대로 모르는 사람일 것이라는 우리 생각과 딱 들어맞았다.

우리는 차를 빵집에서 조금 떨어진 골목에 세우고, 차에서 내려 빵집으로 걸어갔다.

빵집 유리창에는 먼지가 뽀얗게 들러붙어 있고, 유리창 너머로 보이는 진열대는 텅 비어 있었다. 도무지 빵을 파는 가게라고는 믿어지지 않을 만큼 초라하고 더러웠다. 빵집 뒤로는 작은 집이 붙어 있었다. 사람이 사는 집 같았다.

빵집 주위를 샅샅이 조사해 보았지만, 그 집으로 들어가는 문은 없었다. 아마도 빵집에서 안집으로 통하는 문이 있는 것 같았다.

아빠가 엄마와 나를 번갈아보며 말했다.

"자, 이제부터 어떻게 해야 하는지 알지?"

엄마가 말했다.

"당신은 빵집 주인을 붙잡고 시간을 끌어요. 그동안 나하고 하늘이가 안으로 들어가 집 안을 샅샅이 살펴볼 테니까."

"좋아. 모두들 몸조심해."

아빠와 엄마와 나는 심호흡을 크게 한 뒤, 빵집 안으로 들어갔다.

빵집 안은 겉에서 보는 것보다 더 형편없었다.

냉장고 안에는 곰팡이가 핀 케이크가 달랑 하나 놓여 있을 뿐이었다. 또 빵을 넣어 두는 진열대 안에는 언제 만들었는지 말라비틀어진 빵 몇 개와 비스킷, 역시 곰팡이가 피어 있는 식빵 두 봉지가 있었다. 빵 부스러기에는 개미들이 바글거렸다.

진열대 안에 있는 빵을 보자 구역질이 나올 것 같았다.

빵을 만드는 주방이 훤히 들여다보였다. 주방에서는 심한 악취가 풍겼다. 바닥에는 흥건하게 물이 고였고, 물에 통통 불어 버린 건포도가 흩어져 있었다.

설거지를 하는 개수대 안에는 닦지 않은 그릇이 쌓였는데, 그릇에도 검은 곰팡이가 잔뜩 끼여 있었다. 또 큰 그릇에는 다시마를 잔뜩 물에 담가 놓았는데, 얼마나 오래됐는지 물이 닿지 않은 부분은 말라비틀어졌다.

엄마가 얼굴을 찡그리며 말했다.

"으, 너무 심하다."

아빠가 안에 대고 소리쳤다.

"아무도 안 계십니까?"

한참 뒤에 안쪽에 나 있는 문이 열리고 한 남자가 나왔다. 그 남자는 때가 꼬질꼬질해진 앞치마를 두르고 머리에는 역시 앞치마만큼이나 더러운 모자를 쓰고 있었다.

우리는 예리한 눈빛으로 남자를 살폈다. 남자는 늘어지게 하품을 하더니 천천히 우리 앞으로 걸어왔다.

아빠가 빠르게 말했다.

"빵 좀 사러 왔는데요."

"안 팔아요. 지금 만들어 놓은 빵도 없수다."

아빠가 주머니에서 지갑을 꺼냈다. 지갑 속에는 돈이 가득 들어 있었다. 아빠는 두툼한 지갑을 만지작거리면서 난처한 듯 말했다.

"어떡하지? 이 집이 아주 빵을 잘 만든다고 해서 일부러 멀리서 왔는데."

지갑을 본 남자 표정이 빠르게 변했다.

"그럼 빵 만들려면 시간이 걸리는데, 그래도 괜찮겠수?"

우리 세 명은 동시에 고개를 끄덕였다.

엄마가 말했다.

"아저씨, 시간은 많이 걸려도 좋으니까 꼭 맛있는 빵을 만들어 주세요."

"무슨 빵 살 건데요?"

"난 갓 구운 따끈따끈한 식빵을 주시오. 딸기쨈을 발라 먹으면 기가 막히지."

이번에는 내가 말했다.

"나는 하얀 생크림이 듬뿍 들어간 크림빵하고 피자빵이 먹고 싶어요."

남자가 놀란 얼굴로 우리를 보았다.

아빠가 배를 만지며 말했다.

"우린 지금 굉장히 배가 고프거든요. 그러니까 아무리 많아도 다 먹을 것 같단 말입니다."

남자가 주방으로 들어갔다. 작업대 위에 잔뜩 쌓여 있는 쓰레기와 그릇들을 한쪽으로 밀어놓았다. 그리고 찬장에서 밀가루를 꺼냈다. 유통 기한을 보니 이미 한 달이나 지난 밀가루였다.

남자가 밀가루를 조리대 위에 붓고 달걀 몇 개를 깨뜨렸다. 달걀에서 썩은 냄새가 풀풀 풍겼다. 이번에는 유통 기한이 지난 우유를 부었다.

나는 속이 울렁거려서 참을 수가 없었다.

'어휴, 저걸 먹으라고 만드는 건가?'

공짜로 주면서 먹으라고 해도 못 먹을 것 같았다.

엄마가 나에게 눈짓을 했다. 행동 개시를 알리는 신호였다.

나는 바짓가랑이를 두 손으로 움켜쥐고 발을 동동 구르며 말했다.

"엄마, 오줌 마려워요."

엄마가 남자에게 물었다.

"화장실이 어디 있나요?"

손톱에 때가 까맣게 낀 손으로 밀가루 반죽을 하고 있던 남자가 나를 빤히 보았다. 조금 겁이 났지만 계속 오줌이 마려운 것처럼 발을 동동 굴렀다.

남자가 무뚝뚝한 얼굴로 말했다.

"화장실 없어."

나는 다리를 비비 꼬며 금방이라도 오줌을 쌀 것 같은 얼굴로 말했다.

"화장실 없는 가게가 어디 있어요? 그럼 여기다 쌀까요? 그래도 돼요, 아저씨?"

남자가 하는 수 없이 말했다.

"저 문을 열고 들어가면 조그마한 마당이 나올 거다. 그 마당 오른쪽으로 가면 더 작은 문이 나오는데, 그 문을 열면 작은 헛간 같은 곳이 나와. 그곳에서 다시 왼쪽으로 가면 화장실이 있어."

나는 남자의 말이 다 끝나기도 전에 안쪽으로 나 있는 문을 열었다.

남자가 뒤에서 소리쳤다.

"절대 집 안에 들어가면 안 된다. 알았냐?"

내 뒤를 엄마가 따라왔다. 남자는 뭐가 그리 못마땅한지 밀가루 반죽을 탕탕 소리가 나게 쳐 댔다.

오후 5시 21분

마당 안쪽으로는 문이 달린 방 하나와 헛간처럼 생긴 곳이 있었다. 그리고 오른쪽으로는 허름하게 판자로 막아 놓은 담이 보였다.

엄마가 방문 쪽을 향해 손짓을 했다. 방을 뒤져 보자는 뜻이었다.

방문은 자물쇠로 잠겨 있었다. 내가 만능 열쇠를 넣고 돌리자, 방문은 쉽게 열렸다.

방은 가게보다 더 지저분했다. 백 년은 깔려 있었을 것 같은 이불이 방 안에 널려 있었고, 옷가지들이 쓰레기더미처럼 쌓여 있었다.

가구라고는 옷이 꾸역꾸역 삐져나온 옷장 하나와 다 찌그러진 텔레비전이 고작이었다.

방 안에는 아무도 없었다. 의심스러운 물건도 없었다. 옷장 문을 열고 샅샅이 뒤져 봤지만 수재는 보이지 않았다.

이번에는 방에 딸려 있는 작은 부엌을 살펴보았다. 부엌에도 역시 수재는 그림자도 없었다.

점점 초조해지기 시작했다. 장독대에 있는 항아리를 모두 열어 봐도, 헛간을 다 뒤져 봐도, 개미새끼 한 마리 찾을 수 없었다.

엄마가 걱정스러운 얼굴로 말했다.

"이제 어떡하지? 아무리 찾아도 없어."

걱정이 되기는 나도 마찬가지였다. 이번에도 허탕이라면? 만약 그렇다면 어쩌면 우리는 탐정일을 그만둬야 할지도 모른다. 아니, 그게 문제가 아니다. 수재는 어떻게 될까?

어떻게 해야 할지 몰라서 고민하고 서 있는데, 엄마가 벽과 벽 사이에 꽉 끼여 있는 페트병 한 개를 꺼냈다.

"그건 뭐 하려고요?"

엄마가 페트병을 흔들며 말했다.

"이 안에 뭔가가 있어. 자, 봐."

페트병에는 오래돼서 김이 빠진 것 같은 콜라가 반쯤 들어 있었다. 그런데 자세히 보니, 엄마 말대로 페트병 안에 뭔가가 들어 있었다. 틈새에 눌려 있을 때는 내용물이 안 보였는데 빼 보니 스포이트가 물 위로 올라와 있었다.

"앗, 이건 일회용 스포이트네요."

분명히 학교 과학 시간에 사용하던 스포이트였다. 스포이트는 적은 양의 액체를 빨아들여서 옮기는 기구다. 그런데 왜 스포이트가 음료수 속에 들어 있을까?

그러고 보니 뭔가 짐작 가는 데가 있었다. 수재가 과학실에서 지시약을 만들어 보던 그날, 분명히 수재는 실험 도구가 있는 곳에서 이 스포이트 한 개를 주머니 속에 넣었던 것이다.

엄마가 콜라를 쏟아 내고 스포이트를 꺼냈다. 스포이트 속에 작은 종이가 비닐에 싸인 채 들어 있었다. 엄마가 조심스럽게 비닐 속에 들어 있는 종이를 꺼냈다.

종이에는 깨알 같은 글씨가 쓰여 있었다.

헛간에 있는 비밀방에 갇혀 있어요.

수재의 글씨가 분명했다!

나는 비밀방에 갇혀서 페트병 속에 비밀 편지를 넣고 있는 수재를 상상해 보았다. 너무나 불쌍하고, 또 한편으로 대견하다는 생각이 들었다.

페트병 잠수함 만들기

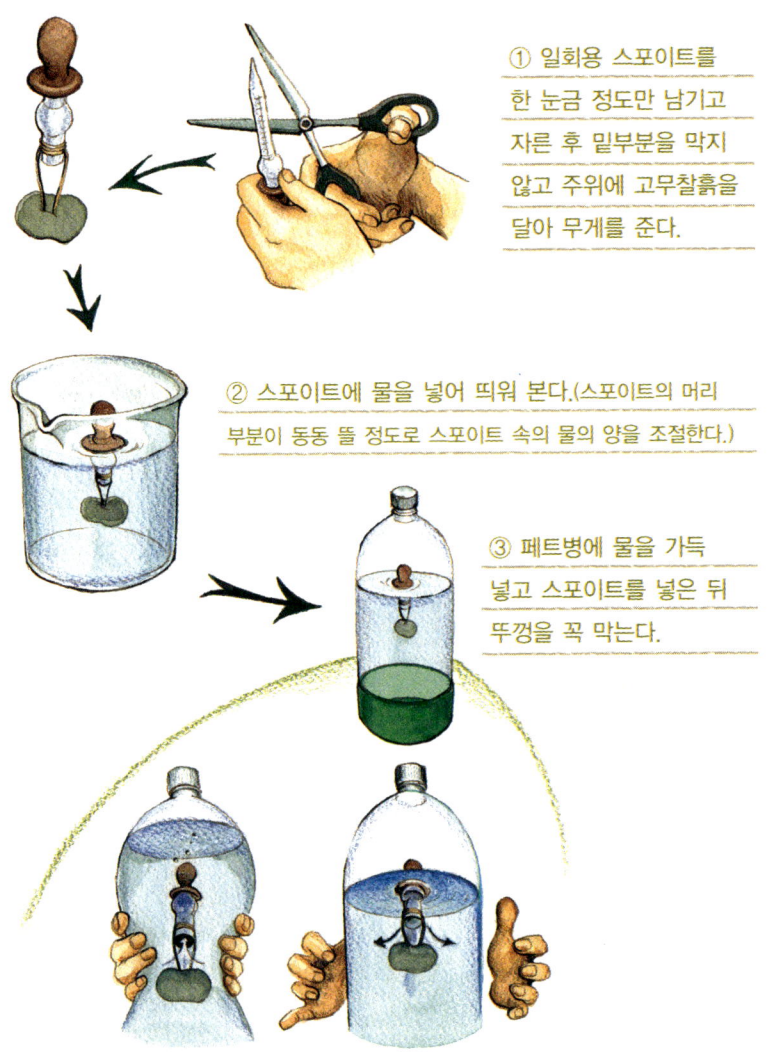

① 일회용 스포이트를 한 눈금 정도만 남기고 자른 후 밑부분을 막지 않고 주위에 고무찰흙을 달아 무게를 준다.

② 스포이트에 물을 넣어 띄워 본다.(스포이트의 머리 부분이 동동 뜰 정도로 스포이트 속의 물의 양을 조절한다.)

③ 페트병에 물을 가득 넣고 스포이트를 넣은 뒤 뚜껑을 꼭 막는다.

페트병을 누르면 스포이트 안으로 물이 들어가서 무거워지니까 가라앉고 페트병을 눌렀던 힘을 빼면 스포이트에서 물이 빠져나와 가벼워지므로 떠오른다.

엄마와 나는 동시에 헛간을 보았다. 그리고 번개처럼 빠르게 헛간 안으로 들어갔다.

헛간은 아주 깜깜했다. 온갖 잡동사니를 모아 놓아서인지 들어갈 틈도 없었다. 다리가 부러진 의자, 이가 나간 접시들, 깨진 플라스틱 바구니, 귀퉁이가 떨어져 나간 탁자, 먼지가 가득 쌓여 있는 밀가루 부대, 헌 담요와 이불들, 그리고 온갖 종류의 쓰레기들이 헛간에 가득 차 있었다.

갑자기 눈앞에서 쥐새끼 한 마리가 놀라 후다닥 달아났다.

나는 깜짝 놀라서 가슴을 쓸어내렸다.

'이까짓 쥐새끼 때문에 놀라면 안 되지.'

엄마가 잡동사니들을 헤집고 안으로 들어갔다. 잠시 뒤 새까맣게 먼지를 뒤집어쓴 엄마가 나왔다. 머리에는 거미줄이 덕지덕지 붙어 있었다.

엄마가 검게 그을린 나무 판자로 되어 있는 벽을 가리키며 말했다.

"저 벽이 수상해."

나는 벽 쪽으로 걸어가서 벽을 자세히 조사해 보았다. 언뜻 보면 그냥 나무 판자로 가려진 벽이었다. 엄마가 주먹으로 벽을 톡톡 쳐 보았다.

안이 텅 비어 있는 듯한 소리가 났다. 엄마가 소곤거렸다.

"분명히 저 안쪽에 뭔가가 있어."

엄마가 가리킨 곳을 보았다. 벽과 벽이 조금 벌어져 있었다. 그 사이에서 이상한 냄새가 새어 나왔다.

나는 있는 힘껏 벽을 밀어 보았다. 하지만 벽은 꼼짝도 하지 않았다. 엄마와 힘을 합쳐 벽을 밀어 보았지만 벽은 꼼짝도 하지 않았다.

"하늘아, 페트병 좀 구해 와."

창고 바닥에 찌그러진 페트병 몇 개가 있었다. 페트병을 들고 엄마한테 갔다.

엄마가 있는 힘을 다해 벽을 밀었다. 그러자 판자로 된 벽이 조금 움직이면서 틈이 생겼다. 엄마가 말했다.

"이 벽에 페트병을 끼워 넣어."

나는 엄마가 시키는 대로 페트병을 벽 사이에 끼워 넣었다. 이제 공기를 불어 넣으면 페트병이 부풀어 오르면서 벽과 벽 사이가 벌어진다. 하지만 입으로 공기를 불어 넣기에는 너무 힘들다.

그래서 생각해 낸 방법이 식초와 탄산수소나트륨이다. 나는 메고 있던 가방 안에서 비상용으로 가지고 다니던 식초와 탄산수소나트륨을 꺼냈다. 페트병 입구에 식초를 흘려 넣고 난 뒤, 얇은 휴지에 탄산수소나트륨을 쏟아서 페트병 입구에 몇 뭉치 밀어 넣고, 재빨리 뚜껑을 닫았다.

슬슬 반응이 나타났다. 식초와 탄산수소나트륨이 섞이면 이산화탄소 기체가 만들어진다. 만약 필름통 속에 식초를 넣고 탄산수소나트륨 뭉치를 넣은 뒤 뚜껑을 닫으면 어떻게 될까? 어제 아빠가 영화 촬영장에서 만들어 준 알코올 권총처럼 뚜껑이 로켓처럼 날아간다. 바로 식초와 탄산수소나트륨이 만나서 이산화탄소가 생겼기 때문이다. 기체는 액체보다 부피가 크니까 밖으로 튕겨져 나가려는 성질이 있기 때문에 쪼그라들었던 페트병이 활짝 펴지는 것이다.

그런데 여기서 주의해야 할 것 한 가지.

탄산수소나트륨을 가루로 넣다 보면 넣자마자 기체로 변해 버려서 금세 날아가 버린다. 그러니까 꼭 휴지에 덜어서 뭉치로 넣어야 한다.

페트병은 요술처럼 펴졌다. 그러자 벽과 벽 사이에 내가 들어갈 만큼의 틈이 생겼다. 나는 먼지를 뒤집어쓰며 벽 안쪽으로 들어갔다.

안은 어두컴컴했다. 나는 코를 막았다. 냄새가 너무나 고약했기 때문이다. 화장실 냄새 같기도 하고, 뭔가가 썩는 냄새 같기도 했다.

가방 안에서 전등을 꺼내려고 하는데, 갑자기 이상한 소리가 들렸다.

"읍, 으읍."

가슴이 철렁 내려앉았다. 분명히 구석에서 이상한 소리가

들렸던 것이다.

엄마가 밖에서 나를 불렀다.

"하늘아, 안에 뭐가 있니? 어디 있어?"

나는 정신을 차리고 서둘러 등에 매고 있던 가방 안에서 전등을 꺼내 켰다.

그 순간, 구석에 뭔가가 꿈틀거리고 있는 게 보였다. 사람이었다. 바로 우리가 그토록 찾던 나수재! 수재가 구석에서 잔뜩 겁에 질린 얼굴로 웅크리고 앉아서 나를 보고 있었다. 말을 하지 못하도록 수재 입은 천으로 막혀 있엇고, 손은 뒤쪽으로 묶여 있었다. 나는 수재 입을 막고 있던 천과 손을 묶고 있던 끈을 풀어 주었다.

백 년 동안이나 떨어져 있던 형제를 만난 것처럼 반가웠다.

"수재야!"

수재는 나를 알아보고는 대뜸 물었다.

"이하늘, 네가 여긴 웬일이냐?"

자세한 내용을 말할 시간이 없었다. 수재 손을 잡아 일으키며 말했다.

"일단 두 가지만 말해 줄게. 첫째, 우린 지금 널 구하러 왔고, 둘째, 어서 빨리 이곳을 나가야 해. 서둘러."

수재가 믿을 수 없다는 듯한 표정으로 나를 올려다봤다. 네까짓 게 어떻게 탐정이고, 또 어떻게 자기를 구하러 올 수가 있느냐는 얼굴이었다.

나는 손을 내밀었다.

"자세한 이야기는 나중에 하자. 빨리 나와."

그제서야 수재는 내 손을 꽉 잡았다.

수재와 나는 벌어진 벽 틈으로 간신히 빠져나왔다. 수재를 본 엄마가 씨익 웃으며 말했다.

"무사했구나."

수재는 엄마를 빤히 보며 또 물었다.

"아줌마는 누구예요?"

엄마가 대답했다.

"우린 탐정이야. 자, 이럴 게 아니라 빨리 유괴범도 잡고 이곳을 떠나자."

"잠깐만요."

수재가 발걸음을 멈췄다. 수재는 천천히 비밀방 안을 돌아보았다.

수재가 말했다.

"이대로 갈 수는 없어요."

수재가 그동안 어떻게 지냈는지 비밀방을 보면 알 수 있을 것 같았다. 비밀방에는 화장실도 없었다. 실내에 용변을 봐야 했다. 그래서 냄새가 지독했던 것이다.

그동안 잘난 척만 하던 수재는 무서움보다도 자존심이 많이

상한 것처럼 보였다.

수재는 유괴범에게 복수를 할 수 있도록 도와 달라고 말했다. 엄마와 나는 흔쾌히 그렇게 해 주겠다고 대답했다.

그렇게 해서 수재가 연출하고 엄마와 나, 수재가 주연을 맡은 '지상 최대의 복수 대작전'이 시작되었다.

지상 최대의 복수 대작전

주방에서는 유괴범이 빵을 굽고 있었다.

빵 굽는 냄새가 아주 고약했다. 아빠는 냄새 때문에 얼굴을 잔뜩 찡그렸다.

나는 아빠에게 미리 문자 메시지로 우리의 계획을 알렸다. 나를 본 아빠가 한쪽 눈을 찡긋 해 보였다.

나는 유괴범에게 다급한 목소리로 말했다. 드디어 지상 최대의 복수 작전이 시작된 것이다.

"아저씨, 헛간 쪽에서 이상한 소리가 들리는데요."

유괴범의 눈빛이 심하게 흔들렸다. 나는 이때를 놓치지 않고 말을 이어 갔다.

"사람 목소리 같기도 하고……. 뭐지?"

유괴범은 깜짝 놀라서 들고 있던 빵 반죽을 떨어뜨렸다. 그러고는 허둥대며 안으로 나 있는 문 쪽으로 달려갔다.

나는 유괴범이 들을 수 있도록 유괴범이 있는 쪽에 대고 말했다.

"아빠, 경찰에 알려야 하지 않을까요?"

그러자 유괴범이 문을 열려다 말고, 그 자리에 멈춰 선 채 말했다.

"유괴라니 그런 일 절대 없어."

나는 유괴범에게 큰 소리로 말했다.

"지금 헛간에서 소리가 났다니까요. 정말이에요. 못 믿겠으면 한번 들어가 보세요."

유괴범이 문을 확 열고 안으로 뛰어 들어갔다. 그 순간 쿵, 소리가 나면서 어마어마하게 큰 비명 소리가 들렸다.

"으악!"

수재가 문 바로 밑에 굵은 콩을 쏟아 놓았기 때문이다. 아까 농부 할아버지가 고맙다고 준 콩이었다. 콩을 밟은 유괴범이 넘어졌다. 유괴범의 엉덩이가 바닥에 닿는 순간, 수십 개의 압정이 유괴범의 엉덩이에 사정없이 박혔다.

나는 주방으로 가서 다시마에서 **알긴산**을 뽑아 내는 작업을 하기 시작했다.

알긴산 추출하기

① 500㎖ 비커나 냄비에 물을 150㎖ 담고, 탄산나트륨 한 숟가락을 넣는다.

② ①에 다시마를 잘라 넣어 잠기게 한다.

③ ②를 가열한다.

④ 끓어서 넘치기 전에 불을 끈다.

⑤ 커피 여과지로 거름 장치를 만든다.
⑥ ④의 용액이 어느 정도 식으면, ⑤를 이용해 용액을 거른다.
⑦ ⑥에서 걸러진 액체에 에탄올을 떨어뜨린다.

여기서 잠깐!

왜 탄산나트륨과 에탄올을 넣을까? 탄산나트륨은 알긴산을 더 잘 녹이기 위해 넣는다. 또 에탄올을 넣으면 물에 녹아 있는 알긴산이 더 잘 뭉쳐진다.

알긴산은 미역이나 다시마 같은 해조류에 많이 들어 있다. 매우 끈적끈적해서 아이스크림이나 시럽, 단팥죽을 만들 때 사용된다.

알긴산은 소화는 되지 않지만 세균을 죽이고 위를 튼튼히 해 주며 장을 깨끗이 하는 일을 한다. 그래서 알긴산과 같은 물질을 '식물 섬유' 혹은 '섬유질', '식이 섬유'라고 한다.

비만과 변비를 막아 주기 때문에 알긴산이 많이 들어 있는 미역이나 다시마를 많이 먹으면 변비에 걸리지 않고 뚱뚱하게 살이 찌는 것을 막을 수 있다.

아빠가 물었다.

"알긴산은 뭣에 쓰려고?"

"다 쓸 데가 있어요, 아빠."

스테인리스 그릇을 쓰려고 보니 두 개가 겹쳐져서 떨어지지 않았다. 가끔씩 그릇 두 개가 겹쳐지는 경우가 있다.

나는 냉동실을 열고 얼음을 꺼냈다. 안쪽 그릇에는 얼음을 넣고, 바깥쪽 그릇을 뜨거운 물에 담갔다. 그러자 거짓말처럼 두 그릇이 떠어졌다.

이 원리는 이렇다. 스테인리스 그릇은 온도가 낮아지면 수축하게 된다. 얼음을 넣은 안쪽 그릇은 수축하는 것이다. 반면에 뜨거운 물에 담그면 그릇은 늘어나는 성질, 즉 팽창하는 성질을 갖는다. 한쪽은 줄어들고, 한쪽은 늘어나기 때문에 억지로 떼어 내려고 하지 않아도 쉽게 떨어진다.

물질은 종류에 따라 열이 전달되는 속도가 다르다. 추운 겨울, 똑같은 바깥 날씨에도 나무를 잡았을 때와 철봉을 잡았을 때는 온도가 다르다. 철봉을 잡았을 때가 훨씬 더 차갑게 느껴진다. 손에서 열을 빼앗아가는 속도가 다르기 때문이다.

하여튼, 내가 알긴산을 만들고 있는 동안 유괴범은 비명을 지르며 엉덩이에 박힌 압정을 한 개씩 뽑아 내고 있었다.

아빠와 나는 문 옆으로 달려가서 안을 들여다보았다.

엉덩이에 박힌 압정을 다 뽑아 낸 유괴범은 헛간을 노려보며 소리쳤다.

"이 녀석, 어디 두고 보자."

유괴범은 헛간 쪽으로 달려갔다. 헛간의 문 손잡이에 손을 대자마자 유괴범은 또다시 어마어마한 소리로 비명을 질렀다.

엄마가 쇠로 된 헛간 손잡이를 불에 새빨갛게 달궈 놓았던 것이다. 유괴범 손에서는 김이 피어올랐다.

유괴범은 얼굴이 새빨개져서 이를 으드득 갈았다.

유괴범이 헛간 문을 발로 펑 찼다. 문이 열리자마자 위에서 밀가루가 쏟아졌다. 유괴범은 졸지에 밀가루를 뒤집어쓴 채, 멍 하니 서 있었다.

안에서 갑자기 수재가 뛰어나왔다. 수재는 유괴범에게 약을 올리듯 달아났다. 유괴범은 수재를 보자 고함을 질렀다.

"너 거기 안 서. 당장 서지 못해!"

수재가 혀를 내밀고 나서 말했다.

"유괴범 씨, 나 잡아 봐. 1억 원 줄 테니까."

유괴범은 밀가루를 풀풀 날리며 수재를 잡으려고 쫓아갔다.

쫓고 쫓기는 수재와 유괴범을 보고 있자니, 몇 년 전 크리스마스 때 봤던 〈나 홀로 집에〉라는 영화가 생각났다. 주인공이 두 명의 도둑을 곯려 주는 내용이 배꼽 빠지게 재미있었던 영화였다. 하지만 눈앞에서 벌어지고 있는 장면들이 영화보다 훨씬 더 재미있었다.

수재를 쫓아가던 유괴범 앞에 갑자기 엄마가 나타났다.

유괴범은 영문을 몰라 엄마를 바라보았다. 그때 엄마가 주 특기인 이단옆차기로 보기 좋게 유괴범을 걷어찼다. 유괴범이 보기 좋게 나가 떨어졌다.

그러나 유괴범은 곧바로 벌떡 일어났다.

"좋아. 나도 태권도 실력을 보여 주지."

유괴범이 엄마에게 발길질을 했다. 하지만 유괴범 다리는 무릎까지만 겨우 올라갔다. 저러고도 태권도 실력을 보여 주겠다니. 정말 한심한 유괴범 같으니라고.

엄마는 유괴범의 양쪽 어깨를 잡은 뒤, 바닥에 내동댕이쳤다. 유괴범이 밀가루를 펄펄 날리며 나가 떨어졌다.

수재가 약을 잔뜩 올리고 가게로 통하는 문 쪽으로 걸어왔다. 나는 재빨리 문을 열어 주었다. 수재가 가게 안으로 들어오려고 했다.

"잠깐."

나는 수재를 가로막았다. 그리고 알긴산이 깔려 있는 바닥을 가리켰다. 그제서야 수재가 한쪽 눈을 찡끗 해 보이며 옆으로 살짝 비켜서 들어왔다.

유괴범이 일어나 비틀거리며 가게 쪽으로 걸어왔다. 유괴범은 이제 제정신이 아닌 것 같았다. 얼굴이 영화에 나오는 괴물 같았다.

수재가 유괴범에게 소리쳤다.

"유괴범 씨, 날 잡아 봐. 잡으면 1억 원 준다니까. 어서."

유괴범이 이를 으드득 갈더니, 가게 쪽으로 비틀거리며 걸어왔다. 뒤에서 엄마가 팔짱을 낀 채 서 있었다.

"어디 두고 보자. 이 쥐새끼 같은 녀석."

나는 문을 활짝 열었다. 정면에서 수재가 유괴범을 향해 손짓을 했다. 유괴범이 막 가게 안으로 한쪽 발을 들여놓는 순간, 몸의 중심을 잃고 허둥거렸다.

 유괴범이 알긴산을 밟은 것이다. 유괴범은 넘어지지 않으려고 허공에서 팔을 휘저었다. 수재가 다가와 검지손가락으로 유괴범의 이마를 톡 쳤다. 그러자 유괴범은 드디어 중심을 잃고 보기 좋게 넘어졌다.

 아빠와 엄마가 넘어져 있는 유괴범을 묶었다. 그제서야 유괴범은 고개를 푹 숙인 채 무릎을 꿇고 앉아서 용서를 빌었다.

"죄송합니다. 카드 값이 연체가 되어 그만 못된 짓을 저질렀어요."

수재가 큰 소리로 말했다.

"빵을 팔면 되잖아요."

유괴범이 울먹이는 소리로 말했다.

"빵이 안 팔리는 걸 어떡해."

나는 오븐에서 구운 빵을 꺼내 유괴범 앞에 내밀었다.

"좋은 재료를 써야죠. 이렇게 유통 기한이 지난 재료를 쓰면 누가 빵을 사 먹겠어요?"

그제서야 유괴범은 고개를 푹 숙였다.

수재가 내 앞으로 걸어와서 손을 내밀며 말했다.

"구해 줘서 고마워, 친구."

나도 손을 내밀어 수재 손을 잡았다. 수재가 내 손을 잡고 위아래로 힘차게 흔들었다.

이상하게 수재가 아주 오래 전부터 내 친한 친구라는 생각이 들었다. 학교 과학실에서 봤던 그 재수 없던 수재가 이렇게 친근하게 느껴지다니. 그 이유가 뭘까?

수재가 이번에는 내 어깨 위에 손을 얹고 물었다.

"이봐, 친구. 그런데 말야, 비밀 편지 어떻게 해독했어? 또 콜라병에 넣은 스포이트 편지는 어떻게 발견했지? 보통 두뇌로는 그걸 알아채지 못했을 텐데 말야."

"그거야 뭐……. 그냥, 우연히 알게 됐지 뭐."

나는 적당히 얼버무렸다.

수재가 고개를 끄덕이며 말했다.

"그럴 거야. 나도 비밀 편지를 보내면서 기대는 안 했어. 그걸 해독할 사람은 없다고 생각했거든. 결국 내가 머리를 써서 이 빵집 이름과 비밀방 위치를 알려줬기 때문에 유괴범을 잡을 수 있었던 거야. 내가 아니었으면 저 흉악한 유괴범은 잡지 못했을걸. 역시 난 정말 똑똑해. 유괴를 당해서까지 이 뛰어난 두뇌를 활용하다니, 정말 대단하지 않냐?"

또 시작이다. 나는 아예 내 귀를 막아 버리고 싶은 심정이었다. 하지만 이상했다. 왠지 전처럼 수재의 잘난 체가 싫지 않았다. 아니 오히려 귀엽게 느껴지기까지 했다.

나는 수재의 어깨에 어깨동무를 했다. 그리고 일부러 큰 소리로 말했다.

"그러게 말야, 친구. 이렇게 똑똑한 자네를 친구로 둬서 난 얼마나 행복한지 모른다네. 하하하."

갑자기 아빠가 말했다.

"경찰이 도착했군."

밖을 내다보니, 멀리서 경찰차가 요란하게 사이렌을 울리며 달려오고 있었다.

이야기 속에 숨어 있는 화학을 찾아라!

p.12 산성비

빗물의 pH가 5.6 이하인 비를 말합니다. 대기가 깨끗한 지역에서의 비는 pH5.6~pH6.5 정도의 약산성을 띠지만, 자연 오염이나 대기오염이 심한 지역에서는 강산성을 띠는 산성비가 내린답니다. 산성이 된 물은 많은 생물에게 나쁜 영향을 미칠 뿐만 아니라 토양을 오염시켜 그 땅에서 자라는 식물도 피해를 입게 됩니다. 산성비의 영향으로 세계 도처의 삼림이 황폐화되고 하천이나 호수의 물고기가 떼죽음을 당하고 있습니다.

- 초등학교 5학년 2학기 / 5. 용액의 반응

p.14 양배추 지시약

지시약은 물질의 성질에 따라 변화하는 시약입니다. 색깔로 나타나는 지시약도 있고, 형광이나 발광 등으로 나타나는 것도 있습니다. 양배추 지시약은 산성일 때는 붉은색, 중성일 때는 보라색, 염기성일 때는 푸른색을 띠는 지시약입니다.

- 초등학교 5학년 2학기 / 2. 용액의 성질
- 고등학교 1학년 / 3. 물질

p.25 헬륨

태양을 의미하는 그리스어 헬리오스에서 헬륨이라는 이름이 유래되었습니다. 1868년 프랑스의 P.J.C. 장센이 인도에서 개기일식을 관측하다가 태양 홍염(태양의 가장자리에 보이는 불꽃 모양의 가스)에서 새로운 스펙트럼선을 관측하면서 처음 발견되었습니다. 헬륨은 공기보다 밀도가 낮아서 소리의 속도가 빨라집니다. 그래서 헬륨 가스를 마시면 카세트 테이프를 빨리 돌린 것처럼 목소리가 변하는 것입니다.

원소 기호 He / 원자 번호 2 / 원자량 4.00260 / 녹는점 -272.2℃ (26atm) / 끓는점 -268.9℃ / 비중 0.1785g/l

- 초등학교 6학년 1학기 / 6. 여러 가지 기체

p.27 부피

넓이와 높이를 가진 물체가 공간 속에서 차지하는 크기를 말합니다.

- 초등학교 3학년 2학기 : 수학 / 5. 들이재기
- 초등학교 4학년 1학기 / 2. 우리 생활과 액체
- 초등학교 6학년 1학기 : 수학 / 5. 겉넓이와 부피

p.27 밀도

물질의 질량을 부피로 나눈 값으로 물질마다 고유한 값을 지닙니다. 단위는 g/ml, g/cm³ 등을 주로 사용합니다.

- 중학교 2학년 / 2. 물질의 특성

p.34 설탕과자 (뽑기)

불로 설탕을 녹인 후 소다를 더해서 만든 과자로 뽑기, 달고나 등으로 불립니다.

녹은 설탕이 부풀어 오르는 이유는 소다, 즉 탄산수소나트륨 때문입니다. 탄산수소나트륨은 열을 받으면 탄산나트륨 가루와 물, 이산화탄소로 나뉘는데, 이 이산화탄소 기체가 부풀어 오르면서 부피가 커지는 것입니다. 탄산수소나트륨은 이 외에도 청량음료, 의약품, 세척제 등으로 쓰이고 있습니다.

- 초등학교 3학년 1학기 / 1. 우리 주위의 물질
- 초등학교 6학년 1학기 / 6. 여러 가지 기체

p.37 치아의 구조

젖니가 빠진 다음에 나오는 이빨인 영구치는 성인의 경우 사랑니 4개를 포함하여 32개입니다. 보통 사랑니는 20세 전후에 생기므로 여러분의 치아 개수는 28개입니다. 치아는 평상시에 관리하는 게 아주 중요합니다. 치아를 튼튼히 하려면 우유와 치즈에 많이 들어 있는 칼슘과 물, 소금, 차 등에 들어 있는 불소를 충분히 먹어야만 합니다. 음식을 꼭꼭 씹어 먹는 습관과 양치질을 꼼꼼히 하는 것도 물론 중요합니다.

- 초등학교 3학년 : 체육 / 15. 질병 예방

p.39 치약 만들기

치약은 이를 닦는 데 쓰는 약으로 입 안을 청결히 하고 치아를 건강하게 할 목적으로 사용합니다. 우리 입 안에는 온갖 세균들이 살고 있습니다. 이들 세균들이 산성을 띠고 있기 때문에 염기성을 띠는 물질로 중화시켜야 합니다. 이때 쓰이는 염기성 물질로는 붕사, 탄산칼슘, 탄산마그네슘 등이 있습니다.

- 초등학교 5학년 2학기 / 2. 용액의 성질
- 고등학교 1학년 / 3. 물질

p.40 거품 목욕제 만들기

- 초등학교 3학년 2학기 / 4. 여러 가지 가루 녹이기

p.43 스킨 만들기

- 초등학교 5학년 2학기 / 2. 용액의 성질

p.44 크림 만들기

- 초등학교 3학년 2학기 / 4. 여러 가지 가루 녹이기

p.53, p.102 혼합물의 분류

혼합물이란 두 가지 이상의 물질이 화학적 반응을 일으키지 않은 상태로 단순히 섞여 있는 것을 말합니다. 예를 들어 철가루와 모래가 섞여 있을 때 자석을 이용하면 철가루가 자석에 붙기 때문에 철가루와 모래를 간단히 분리할 수 있습니다. 혼합물을 분리하는 방법으로는 밀도차를 이용하는 방법, 용해도 차이를 이용하는 방법, 끓는점 차이를 이용하는 방법, 크로마토그래피를 이용하는 방법 등 여러 가지가 있습니다.

- 초등학교 4학년 1학기 / 5. 혼합물 분리하기

p.56 크로마토그래피

검은 수성 사인펜으로 글씨를 쓴 종이에 물이 묻어 사인펜이 번지는 경우가 있습니다. 이때 번진 부분을 살펴보면 푸른색, 붉은색, 노란색 등 여러 색깔이 서로 다른 위치에 퍼져 있는 것을 알 수 있습니다. 이것

은 각 색소들의 이동 속도가 다르기 때문인데, 이러한 특성을 이용하여 물질을 분리하는 방법을 크로마토그래피라고 합니다.

- 초등학교 4학년 1학기 / 5. 혼합물 분리하기

p.65 크레파스 만들기

- 초등학교 3학년 1학기 / 1. 우리 주위의 물질

p.68 톡톡이

톡톡이를 만들 때 사용하는 시트르산은 구연산이라고도 하는데, 많은 식물의 씨나 과즙 속에 들어 있습니다. 설탕, 소다, 시트르산을 섞어서 입에 넣으면 이 가루가 침에 녹으면서 이산화탄소가 발생하기 때문에 톡톡 쏘는 느낌이 드는 것입니다.

- 초등학교 3학년 1학기 / 1. 우리 주위의 물질
- 초등학교 6학년 1학기 / 6. 여러 가지 기체

p.71 물컹이

- 초등학교 3학년 1학기 / 1. 우리 주위의 물질

p.74~p.76 포화 용액

일정한 온도에서 어떤 물질이 물과 같은 용매에 더 이상 녹을 수 없을 때까지 최대한 녹아 있는 상태의 용액입니다. 포화 용액에는 더 이상 어떤 물질도 녹을 수 없습니다.

- 초등학교 3학년 2학기 / 4. 여러 가지 가루 녹이기

- 초등학교 5학년 1학기 / 6. 용액의 진하기

p.82 기저귀의 흡수성

기저귀의 흡수성이 좋은 이유는 식물 세포벽의 주성분인 셀룰로오스로 만들어졌기 때문입니다. 셀룰로오스는 섬유소라고도 하며, 자연계에 많이 있는 중요한 자원입니다. 솜은 거의 순수한 셀룰로오스로 이루어진 섬유라 할 수 있습니다.

- 초등학교 4학년 1학기 / 2. 우리 생활과 액체

- 초등학교 5학년 1학기 / 2. 용해와 용액

p.90 바이메탈

온도의 변화에 따라 팽창(부피가 늘어나는 것)하는 정도가 다른 두 개의 금속을 포개어 붙인 것을 말합니다. 온도가 높아지면 팽창이 잘 되지 않는 금속 쪽으로 휘게 되고 온도가 낮아지면 다시 팽창이 잘 되는 금속 쪽으로 휘게 됩니다. 이러한 열팽창률의 차이에 의해 만들어진 바이메탈은 온도 조절이 가능하기

때문에 자동 꺼짐과 켜짐이 반복적으로 필요한 전기 다리미, 전기 주전자 등에 널리 사용되고 있습니다.

- 금속의 성질 - 초등학교 4학년 2학기 / 5. 열에 의한 물체의 부피 변화

p.93 양초 만들기

- 초등학교 3학년 1학기 / 1. 우리 주위의 물질

p.109 알코올 권총 만들기

- 초등학교 4학년 2학기 / 5. 열에 의한 물체의 부피 팽창
- 초등학교 6학년 2학기 / 6. 여러 가지 기체
- 중학교 1학년 / 4. 물질의 세 가지 상태

p.116 비밀 편지

- 초등학교 3학년 1학기 / 1. 우리 주위의 물질

p.127 스포이트 잠수함

스포이트에 고무찰흙을 달아 무게를 준 뒤, 그 안에 물을 넣습니다.

물이 가득 담긴 페트병 안에 이 스포이트를 띄웁니다.
페트병을 누르면 스포이트 안으로 물이 들어가므로 스포이트가 가라앉습니다. 그러나 다시 힘을 빼면 스포이트가 물 위로 떠오릅니다.

- 초등학교 6학년 2학기 / 1. 물 속에서의 무게와 압력

p.129 기체의 압력

식초와 탄산수소나트륨은 반응을 해서 이산화탄소가 발생하게 됩니다. 만약 찌그러진 페트병 속에서 식초와 탄산수소나트륨이 만나면 이산화탄소 기체가 발생하게 되고 압력이 점점 커지게 되어 페트병이 팽팽하게 펴지게 됩니다.

- 초등학교 3학년 1학기 / 1. 우리 주위의 물질
- 초등학교 4학년 2학기 / 5. 열에 의한 기체의 부피변화
- 초등학교 6학년 1학기 / 6. 여러 가지 기체

p.137 알긴산

알긴산은 미역, 다시마와 같은 해조류에 들어 있으며 매우 끈적끈적해서 아이스크림, 시럽, 단팥죽을 만들 때도 쓰입니다. 소화는 되지 않지만 세균을 죽이고, 장을 깨끗하게 해주며 위를 튼튼하게 해 주고

비만과 변비를 예방해 줍니다.

- 초등학교 6학년 1학기 / 5. 주변의 생물

p.139 금속의 열전도

물질의 종류에 따라 열이 전달되는 속도는 다릅니다. 그리고 온도가 다른 물질끼리 맞닿으면 열은 온도가 높은 쪽에서 낮은 쪽으로 이동하게 됩니다. 추운 겨울날 철봉을 손으로 잡았을 때와 나무를 잡았을 때 손이 느끼는 온도는 다릅니다. 그 이유는 철봉과 나무는 따뜻한 손에서 열을 빼앗아 가는 속도가 서로 다르기 때문입니다. 일반적으로 철봉과 같은 금속성 물질은 나무에 비해 빠른 속도로 열을 손에서 빼앗아 갑니다.

- 초등학교 4학년 2학기 / 8. 열의 이동과 우리 생활

탐구능력과 창의력을 키워주는 과학동화
화학 탐정, 사라진 수재를 찾아라!

1판 1쇄 발행 | 2007. 1. 29.
1판 13쇄 발행 | 2025. 3. 1.

김선희 글 | 김방실 그림 | 나온교육연구소 기획·감수

발행처 김영사 | 발행인 박강휘
등록번호 제 406-2003-036호 | 등록일자 1979. 5. 17.
주소 경기도 파주시 문발로 197(우-10881)
전화 마케팅부 031-955-3100 | 편집부 031-955-3113~20 | 팩스 031-955-3111

ⓒ 2007 김선희·나온교육연구소

이 책의 저작권은 저자에게 있습니다.
저자와 출판사의 허락 없이 내용의 일부를 인용하거나 발췌하는 것을 금합니다.

값은 표지에 있습니다.
ISBN 978-89-349-2417-3 73430

좋은 독자가 좋은 책을 만듭니다. 김영사는 독자 여러분의 의견에 항상 귀 기울이고 있습니다.
전자우편 book@gimmyoung.com | 홈페이지 www.gimmyoung.com

| 어린이제품 안전특별법에 의한 표시사항 | 제품명 도서 제조년월일 2025년 3월 1일
제조사명 김영사 주소 10881 경기도 파주시 문발로 197 전화번호 031-955-3100 제조국명 대한민국
사용 연령 12세 이상 ⚠주의 책 모서리에 찍히거나 책장에 베이지 않게 조심하세요.